성적쑥쑥
어휘사전

성적쑥쑥
어휘사전

2016년 9월 20일 초판 1쇄 발행

엮은이 | 스토리몽키
그린이 | 우디크리에이티브스
펴낸이 | 한승수
마케팅 | 안치환
편 집 | 조예원
디자인 | 우디

펴낸곳 | 하늘을나는교실
등 록 | 제395-2009-000086호
전 화 | 02-338-0084
팩 스 | 02-338-0087
E-mail | hvline@naver.com

ⓒ 2016, 스토리몽키
ISBN 978-89-94757-26-1 74800
ISBN 978-89-94757-17-9 (세트)

✱ 책값은 뒤표지에 있습니다.
✱ 잘못된 책은 구입처나 본사에서 바꾸어 드립니다.
✱ 이 책은 저작권법에 의하여 보호를 받는 저작물이므로
  무단 전제와 복제를 금합니다.

성적쑥쑥
어휘사전

글 스토리몽키 | 추천 김수정 (명일초등학교 교사)

■ 머리말 ■

『어휘사전』을 읽으면 왜 성적이 쑥쑥 오르는 걸까?

어휘야말로 언어 능력의 씨앗

어휘야말로 언어 능력의 씨앗이라고 할 수 있습니다. 밭에 뿌린 씨앗이 싹을 내고 열매를 맺듯 언어 능력이라는 밭에서는 어휘력이 씨앗이 되어 튼튼한 사고력과 무한한 창조력이 발생하는 것입니다.

요즘은 인터넷 검색만 하면 그 어떤 말이라도 해석이 가능해지면서 수박 겉 핥기식의 어휘 적용력은 높아가지만 실제 글의 맥락을 짚는 어휘 해독력은 떨어지는 것이 사실입니다. 심지어 시험 문제의 뜻도 알아채지 못하는 경우가 많다 하니 어휘 공부야말로 모든 공부의 기본 중의 기본이라 할 수 있습니다.

튼튼한 어휘 실력은 언어 사용 능력을 향상시키고 문학 작품을 바르게 이해하고 감상할 수 있는 능력을 길러줄 뿐만 아니라 삶의 자신감까지 배가시켜 주는 든든한 배경이 됩니다.

어휘를 알아야 모든 공부의 진도가 나간다

모름지기 풍부한 어휘력이 기본 바탕이 되어야 수능 및 논술에 맞서는

힘이 생기는 법입니다. 앞으로 수능·논술 시험뿐만 아니라 학생들이 치러야 하는 모든 학교 시험에서 서술형 평가 문항은 끝없이 높아질 전망입니다.

그렇다면 이제 청소년들에게 필요한 능력은 '논리적이고 창의적으로 사고하기', '나만의 생각을 핵심을 갖고 정확히 표현하기' 일 것입니다. 이제 남보다 앞선 '나' 가 되려면 논리적이고 창의적인 나의 생각을 정확하게 표현해 내는 일이 관건입니다. 그 관건을 내 손안에 쥐는 지극히 기초적인 작업이 바로 어휘력 쌓기라 할 수 있습니다.

진정한 차이의 힘은 '어휘' 로부터

사실상 어떤 의미에서건 경쟁력은 '차이'에서 오는 것입니다. 남과 다른 나만의 '차이의 힘' 이 나를 두드러지게 할 테니까요. 앞으로 청소년들의 능력을 평가한다는 것은 점점 더 바로 이 '차이' 능력을 평가하는 방향으로 나아갈 텐데, 이 '차이'를 만드는 데 가장 막강한 위력을 갖는 기본기가 어휘 능력이라 할 수 있습니다.

현대를 '통섭'의 시대라고 합니다. 통합적 사고력이 중요하다는 말입니다. 이러한 통합적 사고력을 일취월장 자라나게 하는 데 더할 수 없이 훌륭한 자료가 바로 어휘사전이 아닐 수 없습니다. 청소년들이 이를 지식의 보약처럼 자신의 머릿속과 가슴속에 채워 넣는다면 당장의 시험이라는 눈앞의 목표를 넘어 삶의 지혜까지 꿰찰 수 있을 것입니다.

인물과 함께하는 어휘

뉴턴의 만유인력 ★ 맛있는 사과가 알려 준 놀라운 법칙···12
아르키메데스의 유레카 ★ 임금님의 특명! 욕조에서 발견한 부력의 원리···14
정약전의 《자산어보》 ★ 조선 시대 유배지에서 쓴 해양 생물 백과사전···16
로웰의 외계인 ★ "희망은 계속된다!" 인류의 꿈 '화성탐사'···18
파블로프의 개 ★ 조건 반사는 반복된 학습과 인식의 결과···20
에디슨의 전구 ★ 인류를 밝힌 두 번째 불, 필라멘트의 발명···22
프로메테우스의 불 ★ 자연을 지배하게 된 인간 그리고 제우스의 분노···24
플레밍의 페니실린 ★ 질병으로부터 많은 생명을 구한 '우연한 실수'···26
장영실의 측우기 ★ 노비 신분을 극복하고 별이 된 세계적인 과학자···28
노벨의 다이너마이트 ★ 탄생의 비밀 '안전하고 강력한 두 얼굴의 폭약'···30
브라유의 점자 ★ 손끝으로 세상과 다시 만난 시각장애인들···32
팩스턴의 수정궁 ★ 남다른 관찰력이 만든 세계적 건축물···34
콜럼버스의 달걀 ★ 위대한 시작은 발상의 전환에서···36

정치와 사회가 만난 어휘

작은 정부 ★ 자본의 원리로 작동하는 사회···40

레임덕 ★ 대통령도 권력 없으면 이빨 빠진 호랑이? · · · 42
카스트 제도 ★ 인권을 억누르는 오래된 관습의 폐해 · · · 44
탄핵 ★ 잘못을 저지른 권력자를 해임하는 국회의 권한 · · · 46
황색 언론 ★ '신문도 결국 상품?' 재미있어야 잘 팔려 · · · 48
화이트칼라 ★ 자본가와 블루칼라 사이 사무직 노동자 · · · 50
자치권 ★ 민주주의의 꽃 주민 참여 자치와 분권 · · · 52
과거 제도 ★ 우와! 1,000년 전에도 공무원 시험이? · · · 54
뉴딜 정책 ★ 단순 경기 부양보다는 불평등 해소가 본질 · · · 56
세도 정치 ★ 백성들을 괴롭힌 측근 · 외척들의 국정 농단 · · · 58
고령화 사회 ★ 이제 초고령 사회를 대비할 때라고? · · · 60
제3의 물결 ★ 우리의 삶을 바꾼 정보화 사회, 그 다음은? · · · 62
매니페스토 ★ 약속을 잘 지키는 후보에게 소중한 한 표를 · · · 64
워터게이트 사건 ★ 부정한 방법으로 대통령이 된 닉슨의 몰락 · · · 66

역사 속 알아야 할 어휘

신문고 ★ 뜻은 좋으나 백성들에게는 그림의 떡 · · · 70
탕평책 ★ 공평한 인재 등용으로 이뤄 낸 정치적 안정 · · · 72
스파르타 ★ 영원한 강자는 없다? 폐쇄된 사회의 종말 · · · 74
노아의 방주 ★ 하느님의 심판과 새로운 세상의 시작 · · · 76
엘도라도 ★ 아메리카 원주민들의 비극이 된 황금 전설 · · · 78
암행어사 ★ 마패를 소지한 임금님의 특급 비밀 요원 · · · 80
르네상스 ★ '중세의 극복' 이탈리아에서 부활한 휴머니즘 · · · 82
아우슈비츠 ★ "생각 없음은 유죄!" 잊지 말아야 할 비극의 역사 · · · 85
벽란도 ★ 코리아를 세계에 알린 국제 무역항 · · · 88
메이플라워 협약 ★ 공존을 위한 약속, 미국 헌법의 토대가 되다 · · · 90

용비어천가 ★ 훈민정음으로 쓴 최초의 작품 · · · 92
프랑스 혁명 ★ 절대 왕정 무너뜨린 자유 · 평등 · 박애 · · · 94
십자군 ★ 원정은 실패했지만 동서 문화 교류 계기가 되다 · · · 96
손자병법 ★ 전술에 처세술까지 담긴 세계적 병법서 · · · 98
골드러시 ★ 황금을 향한 끝없는 탐욕과 서부 개척 · · · 100
메이지 유신 ★ 일본, 막부 정치를 끝내고 근대화를 이뤄 내다 · · · 102
갑오개혁 ★ 청 · 일 간 다툼 속 단행된 조선의 근대화 · · · 104

교과서에서 쏙쏙 뽑은 어휘

홍익인간 ★ 고조선 건국 정신에서 현대 교육 이념으로 · · · 108
헌법 재판소 ★ 헌법 질서와 국민 기본권을 수호하는 기관 · · · 110
확대 가족 ★ 사회 흐름에 따라 핵가족 위주로 변화 · · · 112
투자 ★ 투자는 계획적으로, 결과는 본인 책임! · · · 114
세계 7대 불가사의 ★ 인류가 만든 찬란한 역사의 흔적들 · · · 116
콤플렉스 ★ 내면에 깃든 강박, 극복하면 힘 된다 · · · 120
알파걸 ★ '능력으로 남자를 압도한다' 세상을 바꿀 그녀들 · · · 122
지구 온난화 ★ 탄소 배출을 줄여 지구를 구하자 · · · 124
환율 ★ 시장 원리에 따라 움직이는 화폐 교환 가치 · · · 126
빈부 격차 ★ 각종 사회 문제 야기하는 부의 집중과 대물림 · · · 128
고정 관념 ★ 생각의 벽 허물면 더 넓은 세상 만나 · · · 130
다문화 가정 ★ 피부색과 언어는 달라도 모두가 우리 이웃 · · · 132
기회비용 ★ 선택의 대가 최소화하는 안목 길러야 · · · 134

촛불 집회 ★ 작은 불빛들 모여 어둠을 밀어내다 · · · 136
공정 무역 ★ 커피 한 잔에 담긴 땀의 대가는 얼마? · · · 138
노블레스 오블리주 ★ 부자와 고위층에게 필요한 사회적 책임 의식 · · · 140

알면 똑똑해지는 어휘

보이콧 ★ 정의를 지키기 위한 약자들의 집단행동 · · · 144
CIH 바이러스 ★ 온라인 보안의 중요성 알려 준 뼈아픈 교훈 · · · 146
사이코패스 ★ 공동체 위협하는 인격 장애 "예방이 시급해!" · · · 148
미란다 원칙 ★ 범죄 용의자의 자기 방어권도 국민의 기본권 · · · 151
아이비리그 ★ 미국을 대표하는 동부의 여덟 명문 대학들 · · · 154
무죄 추정의 원칙 ★ 한 명의 억울한 누명도 안 된다는 인권 원칙 · · · 156
나비 효과 ★ 작은 변화 속 잠재력과 '카오스'의 비밀 · · · 158
다크호스 ★ 뜻밖의 감동 선사하는 새로운 강자의 등장 · · · 160
제로섬 ★ 경쟁하면 제로섬, 함께하면 시너지 · · · 162
스티그마 효과 ★ 사회의 부정적 시선이 반사회성 키운다 · · · 164
에니악 ★ '집채만 한 크기가 손바닥만 하게' 컴퓨터의 진화 · · · 166
머피의 법칙과 샐리의 법칙 ★ 불운이 겹치는 날엔 빨리 샐리와 만나자 · · · 168
마지노선 ★ 기대를 저버리고 뚫린 프랑스의 방어벽 · · · 170
서머타임제 ★ 햇빛 절약으로 에너지 효율 높인다 · · · 172
플라세보 효과 ★ 나을 수 있다는 믿음이 최고의 약 · · · 174
선의의 거짓말 ★ 타인 위한 거짓말이라도 반복되면 곤란해 · · · 176
기억 상실증 ★ 다양한 원인과 증상, 일상생활은 가능 · · · 178
스톡홀름 신드롬 ★ 인질들이 범인 편이 되는 심리의 비밀 · · · 180

인물과 함께하는 어휘

뉴턴의 만유인력

맛있는 사과가 알려 준 놀라운 법칙

아이작 뉴턴(1642~1727)은 과수원에 앉아 조카들이 노는 것을 바라보고 있었어요. 그때였어요. 잔디가 깔린 땅바닥으로 무언가 "쿵" 하고 떨어지는 소리를 들었어요. 뉴턴은 고개를 들어 무엇이 떨어졌는지 살폈어요.

"아! 사과가 떨어졌군."

그러자 연이어 다른 가지에 매달려 있던 사과들이 떨어졌어요. 떨어진 사과를 줍던 뉴턴은 문득 이런 생각이 들었어요.

'하늘의 달은 추락하지 않는데 왜 사과는 바닥으로 떨어지는 걸까?'

뉴턴은 고민을 거듭한 끝에 1687년《자연 철학의 수학적 원리》란 책을 통해 '만유인력의 법칙'을 발표했어요.

"질량*을 가진 모든 물체들 사이에는 서로 끌어당기는 힘이 있다. 그것은 즉 만유인력에 작용된다."

신이 우주를 움직인다고 생각했던 사람들은 아이작 뉴턴의 발표에 큰 충격을 받았답니다.

*어떤 물체에 포함되어 있는 물질의 양. 질량은 장소나 상태에 따라 달라지지 않는 물질의 고유한 양이며, 양팔 저울이나 윗접시 저울을 사용하여 측정합니다.

이 세상의 모든 물체는 서로를 끌어당기는 힘을 갖고 있어요. 그리고 지구는 지구 위의 모든 물체를 끌어당기고 있지요. 사과도 지구를 끌어당기고, 지구도 사과를 끌어당기는데 왜 사과만 땅에 떨어진 것일까요?

그건 사과가 지구를 끌어당기는 힘이 지구가 사과를 끌어당기는 힘에 비해 너무 약하기 때문이에요. 그래서 지구는 끄떡도 하지 않고 사과만 쿵 하고 떨어지는 것이지요.

지구는 지구 위의 모든 물체를 끌어당기듯이 달도 끌어당겨요. 하지만 달은 지구와 멀리 떨어져 있기 때문에 달에 미치는 힘이 훨씬 약하지요. 그렇기 때문에 달은 지구 위로 떨어지지 않고 주위를 빙빙 돌기만 한답니다.

아이작 뉴턴(1642~1727)은 역사상 가장 영향력 있는 과학자 중 한 명으로 꼽힙니다.

모든 사물 사이에 끌어당기는 힘이 있다면 우리가 평소에 쓰는 연필이나 지우개, 책상 같은 것은 왜 서로를 끌어당기며 움직이지 않을까요?

물론, 우리가 쓰는 물건들도 서로 끌어당기고 있어요. 그런데 물건들은 여러 자리에 놓여 있고 서로를 끌어당기는 힘이 부딪치다 보니 오히려 힘을 약하게 만들어 움직이지 않게 된 것이에요. 게다가 지구의 힘이 가장 세기 때문에 모든 물건들은 '정지' 상태인 것이지요.

그러니까 여러분도 하늘로 두둥실 떠오를까 봐 걱정할 필요 없어요. 지구가 우리를 끌어당기고 있으니까요.

뉴턴의 만유인력

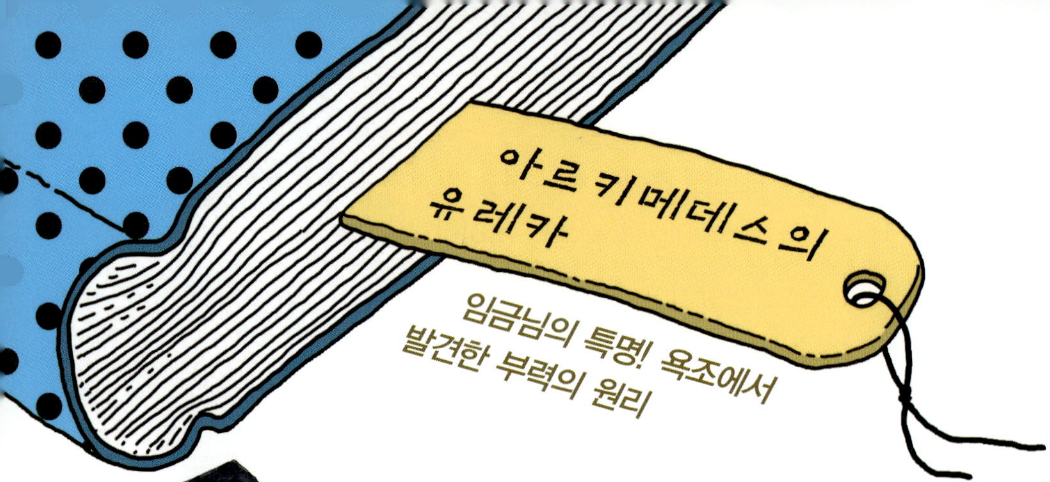

아르키메데스의 유레카

임금님의 특명! 욕조에서 발견한 부력의 원리

"그래, 바로 그거군. 유레카!"

그리스어로 '알았다.'를 뜻하는 유레카는 무언가를 깨달았을 때 외치는 감탄사의 대명사예요. 이는 고대 그리스의 과학자인 아르키메데스가 외쳐서 유명해졌어요. 아르키메데스는 무슨 일이 있었기에 '유레카'라고 외쳤을까요?

고대 그리스의 왕 중에 한 명인 히에론 왕은 의심이 많은 인물이었어요. 그는 세공사에게 왕관을 만들라고 명한 뒤 아르키메데스를 은밀하게 불렀어요.

"내가 준 금이 모두 왕관을 만드는 데 쓰였는지 알아 오게."

왕관의 무게는 왕이 준 금의 무게와 비슷했어요. 하지만 왕은 세공사가 금 속에다가 살짝 금을 입혀 무게를 맞췄을 거라고 의심했어요. 아르키메데스는 왕관에 흠이 가지 않는 방법으로 왕관에 모든 금이 쓰였는지 알아내야 했어요.

아르키메데스는 머리를 쥐어짰지만 뾰족한 수가 떠오르지 않았어요. 그는

*물이나 공기 같은 유체에 잠긴 물체는 중력과 반대 방향인 윗 방향의 힘을 유체로부터 받게 되는데, 이때 생기는 힘을 부력이라 합니다.

마음을 편안하게 하기 위해 뜨거운 물이 담긴 욕조에 들어갔어요. 그는 욕조에 들어가자 넘치는 물을 보며 외쳤어요.

"유레카!"

아르키메데스는 부피가 같은 돌과 나무토막을 가져와 욕조에 담가 보았어요. 물속에 가라앉은 돌과 나무토막은 다른 깊이에 놓여 있었어요. 돌은 가라앉은 반면 나무토막은 물 위로 떠오르는 것이었어요. 이 실험을 통해 아르키메데스는 답을 찾았어요.

동전이 수은 위에 떠 있어요. 부력 덕분이지요.

왕을 찾은 아르키메데스는 사람들이 보는 앞에서 같은 양의 물이 담긴 두 개의 그릇에 왕관과 세공사에게 준 금을 각각 넣었어요. 그러자 왕관을 넣은 그릇의 물이 더 높아졌어요. 아르키메데스는 물은 그 안에 잠겨 있는 물체의 부피만큼 물체를 밀어내려는 성질을 갖고 있다는 것을 깨달았어요. 이를 '부력*'이라고 해요.

이 일이 있은 후부터 사람들은 중요한 깨달음이 있으면 유레카를 외치기 시작했어요. 마치 큰 고민의 답을 찾은 아르키메데스처럼 말이지요.

아르키메데스의 유레카

15

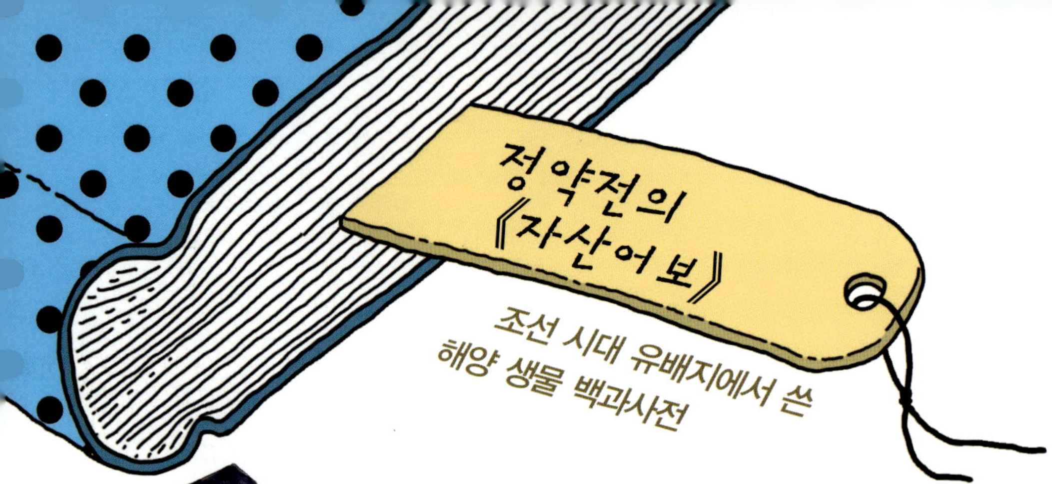

정약전의 《자산어보》

조선 시대 유배지에서 쓴 해양 생물 백과사전

정약용은 실학사상을 집대성한 조선 시대의 학자로 널리 알려져 있어요. 정약용에게는 믿고 따르는 친형이 있는데 바로 정약전이에요. 유명한 동생을 둔 탓에 대중들에게는 잘 알려져 있지 않지만 정약전은 불후의 명작을 남겼어요. 그것은 바로 우리나라 최초의 해양 생물학 전문 서적인 《자산어보》예요.

이 책에는 물고기, 조개, 해초부터 갈매기와 같은 바닷새에 이르기까지 방대한 종의 생물 정보가 담겨 있어요. 이는 정약전이 흑산도로 유배를 가면서 시작되었어요.

정약전은 새벽에 항구에 나갔다가 홍어라고 불리는 물고기를 보았어요. 한양에 살 때는 한 번도 보지 못했던 물고기로 아주 기이한 생김새를 지니고 있었어요. 심지어 흑산도 사람들은 이 홍어를 썩혀서 먹는다고 했어요. 정약전은 우리나라 바다에는 다양한 물고기가 살고 있고 아직도 모르는 것이 많다는 것을 알고 아침마다 물고기 구경을 하러 나갔어요.

정약전은 물고기뿐만 아니라 홍합과 같은 어패류와 해초 등도 공부했어

요. 흑산도 사람들은 평생 바닷가에 살며 수상 생물과 함께했기 때문에 산란 시기, 주로 활동하는 계절, 요리법 등을 상세히 알고 있었어요.

정약전은 다양한 수상 생물에 대한 정보를 남겨 백성들의 삶에 도움을 주고 싶었어요. 그는 더욱 세밀하게 관찰해 나가기 시작했어요.

어부들에게 신기한 것이 있으면 무조건 가져다 달라고 부탁한 정약전은 물고기의 배를 갈라서 가시가 몇 개인지 세기도 하고 조개껍데기의 단단함을 확인하기도 했어요. 어느 날에는 직접 물고기를 관찰하기 위해 바다로 나갔다가 정월이 되어 돌아오는 청어 떼를 보고는 깊은 감동을 받았어요. 또한 상어 구경을 하기 위해 며칠씩 배에서 생활하기도 했지요.

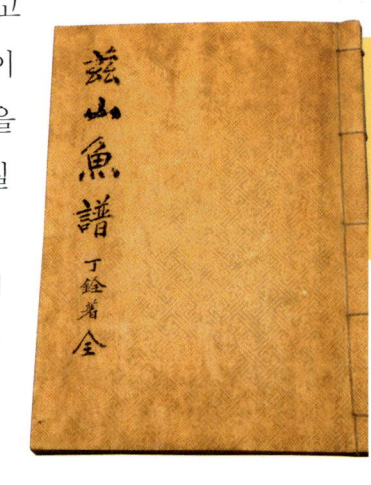

《자산어보》는 3권으로 이루어진 물고기 해설서이자 사전이라고 할 수 있어요.

정약전은 이따금 정약용의 조언을 구하기도 했어요. 형의 기록을 편지로 받은 정약용은 그림보다 글로 쓰는 게 좋겠다고 조언을 하기도 했지요.

그로부터 12년이 지난 1814년, 드디어 어류 백과사전인 《자산어보》가 완성되었어요. 총 세 개의 범주로 나뉘어 있는 《자산어보》에는 흑산도 근해의 수산 동식물 155종에 대한 명칭, 분포, 형태, 습성 및 이용 등에 관한 사실이 기록되어 있어요.

《자산어보》에는 식습관뿐만 아니라 의학에 관한 내용도 담겨 있어 백성들의 삶의 질을 높이고 의약 분야에도 크게 기여했답니다.

로웰의 외계인

"희망은 계속된다!"
인류의 꿈 '화성탐사'

공기가 맑은 곳에 가면 깜깜한 밤하늘을 수놓은 별을 바라볼 수 있어요. 이렇게 우리 눈으로 볼 수 있는 별 말고도 우주에는 셀 수 없이 많은 별이 존재하지요. 우리가 살고 있는 지구 또한 우주의 별 중 하나이고요. 그렇다면 우리가 지구에서 살고 있듯이, 우주 어딘가에 외계인이 살고 있진 않을까요?

과학이 발달하기 전, 화성에 화성인이 살고 있다고 생각한 적이 있었어요. 미국의 천문학자 퍼시벌 로웰(1855~1916)은 화성 표면에 운하를 만든 흔적이 있다며 외계인이 있다고 주장했어요.

"화성에는 물이 부족하니 아마도 물을 끌어들이기 위해 운하를 만든 것 같습니다."

또한 로웰은 외계인의 육체는 지구인보다 3배는 크고 더 똑똑한 두뇌를 가졌을 것이라 추측했어요. 외계인의 존재가 궁금했던 사람들은 그의 주장을 환영했지만 천문학자들은 그를 지지하지 않았어요.

"외계인이 있는지 없는지는 확신할 수 없지만 운하처럼 보인 것은 착시일

뿐입니다."

화성은 너무 춥고 공기가 없었기 때문에 생명체가 살기엔 힘든 환경이라고 결론지었어요. 그 밖의 행성인 수성이나 금성은 태양열 때문에 온도가 대단히 높고, 산소와 물이 없기 때문에 이 또한 생명체가 살기 힘들다고 생각했어요.

오랜 시간 동안 외계인의 존재 여부를 두고 사람들의 주장이 엇갈렸어요. 화성에 가서 정말로 화성인의 존재를 밝히는 것이 확실한 답이었지요. 그리고 드디어 화성의 실체가 밝혀지는 날이 왔어요.

1952년 7월 31일, 미국 뉴저지 주 하늘의 미확인 비행체를 촬영한 사진.

1965년, 미국의 화성 탐사선 마리나 4호는 화성에 접근했어요. 그리고 상당히 가까운 거리에서 찍은 화성 사진을 보내왔습니다. 그러나 로웰이 생각한 운하의 흔적은 어디에도 없었어요. 또한 화성인이 존재한다는 증거도 없었지요. 이로써 로웰의 화성에 관한 이론도 옳지 않다고 밝혀졌습니다.

이에 굴복하지 않은 사람들은 화성에 탐사선을 보냈어요. 하지만 어떠한 생물도 발견되지 않았습니다. 목성이나 토성 등 나머지 행성은 가스로 이루어져 있어서 생명체가 살기엔 적합하지 않았어요.

그렇다면 외계인은 존재하지 않는 것일까요? 하지만 그렇게 생각하기엔 아직 이르답니다. 한없이 넓은 우주, 아직 우리가 탐험하지 못한 곳도 많으니까요. 외계인들이 저 멀리 어딘가에서 우리를 지켜보고 있을지도 모르지요.

파블로프의 개

조건 반사는 반복된 학습과 인식의 결과

맵거나 신 음식을 보면 입에 침이 고이지 않나요? 이는 여러분이 '매운 음식이나 신 음식을 먹으면 침이 생긴다.'고 학습되어 있기 때문에 발생하는 일이에요. 이를 '조건 반사'라고 해요. 반복된 조건이 있으면 그에 맞는 똑같은 반응을 한다는 뜻이지요. 파플로프의 개는 조건 반사 실험의 유명한 사례랍니다.

러시아의 과학자 이반 페트로비치 파블로프는 어느 날 개가 자신이 오는 소리만 듣고도 침을 흘리는 것을 보았어요. 개는 원래 먹이를 먹을 때 침을 흘리는데 어찌된 일인지 자신의 발소리만 들어도 침을 흘리는 것이 아니겠어요?

파블로프의 개는 주인이 먹이를 주기 위해 발소리를 내며 자신의 곁으로 오고 있다는 것을 알았기 때문에 침을 흘린 것이었어요. 파블로프는 이를 통해 늘 똑같은 행동을 취하며 먹이를 주면 그 행동에 따라 개가 침을 흘리게 된다는 것을 알아냈어요.

파블로프는 조건 반사를 확실히 확인하기 위해 한 가지 실험을 계획했어요. 특정 조건을 만들어 개의 반응을 살피는 것이었지요.

*개인의 사상이나 가치관, 생각 등을 바꾸게 하거나 새로운 사상이나 교리 등을 받아들이도록 설득하는 일련의 과정으로, 올바르고 비판적인 과정 없이 어떤 생각을 받아들이게 하는 것을 말하기도 합니다.

파블로프는 굶주린 개에게 종소리를 들려준 다음 먹이를 주었어요. 그리고 이러한 행동을 매일 반복했어요. 그러자 개는 주인이 종을 친 후 먹이를 준다는 과정을 인식했어요. 결국, 개는 먹이를 주지 않아도 종소리만 들어도 침을 흘리게 되었어요.

개가 먹을 때 침을 흘리는 것은 본능이자 조건 없는 자동적 행동이에요. 하지만 종소리와 먹이가 함께 온다는 것을 학습하고, 학습이 반복되자 나중에는 종소리만 들려도 자동적으로 침을 흘리게 된 것이었어요.

파블로프는 개 실험으로 조건 없는 자동적인 행동도 학습될 수 있으며 조건을 바꿀 수 있다는 것을 밝혀냈어요. 파블로프는 이와 같은 실험으로 1904년에 노벨 생리의학상을 수상했어요. 하지만 훗날 동물 애호가들로부터 동물 학대의 원조라는 비난을 받기도 했어요.

파블로프의 개는 '아무 생각도 하지 않고 일을 저지를 만큼 세뇌*당한 사람'이란 뜻으로 전쟁 중에 일반 사람들을 죽인 군인들을 비난하며 쓰이기도 했답니다.

에디슨의 전구

인류를 밝힌 두 번째 불,
필라멘트의 발명

전구란 둥근 유리 안에 질소나 아르곤 가스를 넣고 필라멘트라는 저항선에 전류를 내보내 2,000℃ 이상의 고온에서 온도를 내뿜어 빛을 내는 기구예요. 우리가 쓰는 전구는 불과 200년 전만 해도 상상할 수 없는 것이었죠.

오랫동안 사람들은 해가 저문 후에도 어둠을 밝힐 수 있는 불빛을 꿈꿔 왔어요. 옛날에는 주로 등잔에 고래기름을 붙여 썼는데, 고래가 드물어지면서 기름 가격이 오르자 가격이 싼 석유를 쓰기 시작했어요. 하지만 석유에 불을 붙이면 연기가 많이 났고 냄새가 지독했어요. 화재 사고로 이어질 위험도 컸어요. 과학자들은 안전한 인공 불빛을 만들겠다고 다짐했어요. 그중에 한 명이 토머스 에디슨이었어요.

강한 전류를 흘려도 빛을 내면서 이겨 낼 수 있는 '필라멘트'를 찾는 일은 매우 어려운 일이었어요. 에디슨이 제일 먼저 생각한 금속은 백금이었어요. 백금은 금속 중에 녹는점이 높은 축에 속했기 때문에 쉽게 빛을 낼 수 있었지만 가격이 너무 비싸서 실용성이 떨어졌어요. 그래서 에디슨은 니켈을 이

용해 전구를 만들었지만 빛이 너무 밝아 눈이 타는 듯이 아팠어요. 에디슨은 심지어 자신의 머리카락을 필라멘트 대신 사용해 보기도 했지요.

필라멘트 실험은 실패를 거듭했어요. 돈과 시간, 체력 모두 바닥을 보이기 시작했어요. 심지어 에디슨의 조수까지도 이 실험은 실패했다고 생각했어요. 조수는 실험을 그만두자고 제안했지만 에디슨은 고개를 저었어요.

"우리는 실패를 한 것이 아니네."

"그럼 이제껏 제대로 하지 못한 게 실패가 아니란 말씀이세요?"

"우리는 실패를 한 게 아니라, 필라멘트에 가장 적합한 재료를 찾는 성공적인 실험을 계속하는 중이네."

토머스 앨바 에디슨(1847~1931)은 미국의 발명가 및 사업가로, 많은 발명을 남겼습니다.

에디슨은 결국 답을 찾아냈어요. 대나무를 탄화시킨 필라멘트가 우수하다는 것을 알아낸 것이지요. 세계 여러 곳의 대나무 산지 중에서 일본 교토 부근의 대나무가 가장 좋다는 것을 알아낸 에디슨은 일본에서 재료를 구해 와 필라멘트를 만들었어요.

모두들 이 전구가 얼마 버티지 못할 것이라 예상했지만 에디슨의 전구는 무려 40시간을 버티며 인류 역사를 새로 썼어요.

독일의 역사학자 에밀 루트비히는 에디슨의 전구를 두고 "프로메테우스가 불을 발견한 이후 인류는 두 번째 불을 발견했다. 인류는 이제 어둠에서 벗어났다."라고 말했답니다.

프로메테우스의 불

자연을 지배하게 된 인간 그리고 제우스의 분노

신화 속에 등장하는 프로메테우스는 '앞서 생각하는 이'라는 뜻의 이름을 가지고 있는 거인이에요. 그는 손재주가 뛰어난 것으로 유명했어요.

그러던 어느 날, 프로메테우스는 진흙을 빚어 여러 형상을 만들었어요. 하지만 그것은 진흙으로 만들어져 있었기 때문에 생명이 없었어요. 아테네는 프로메테우스를 위해 진흙 형상의 눈을 뜨게 해 주었어요. 그러자 진흙 형상은 스스로 움직이며 살아가는 존재가 되었어요. 그들은 동물들과 달랐어요. 두 발로 걷고 말을 하는 것도 달랐지만 무엇보다 생각하고 행동하는 존재였어요. 바로 '인간'이었어요.

하지만 인간은 다른 동물들보다 약해 공격당하기 일쑤였어요. 자신이 만든 인간을 아낀 프로메테우스는 강력한 무기를 인간에게 건넸어요. 그것은 바로 '불'이었어요. 프로메테우스는 왜 하필이면 불을 주었을까요?

인간은 불이라는 강력한 에너지를 얻게 됨으로써 어둠 속에서도 빛을 밝힐 수 있게 되었고 추위를 견딜 수 있는 따뜻함을 얻게 되었어요. 또한 음식

물을 조리할 수 있었으며 도구를 만들고 금속도 녹일 수 있었어요. 불의 힘으로 자연을 지배한 인간은 그 어떤 동물보다도 강력한 존재가 되었어요.

신들의 제왕이었던 제우스는 자신의 불을 훔쳐 간 프로메테우스에게 큰 벌을 내렸어요. 그를 바위에 매달고 독수리로 하여금 쪼아 먹도록 한 것이었어요. 프로메테우스의 간은 밤이 되면 다시 건강한 상태로 돌아왔기 때문에 매일같이 형벌에 시달릴 수밖에 없었어요.

"누구에게나 거스를 수 없는 운명이 있다. 그렇다면 각자 운명의 짐을 감당해야 한다."

신화 속에 나오는 프로메테우스의 불은 오늘날에 이르러 '창시자', '선각자'라는 의미를 갖고 있어요. 또한 인간의 역사와 함께한 프로메테우스는 인간을 구원한 구세주의 이미지로 활용되고 있어요.

+ 더하기

판도라의 상자

판도라의 상자는 신이 열지 말라고 한 상자를 열어 버린 판도라라는 여인에 대한 그리스 신화의 제목이에요. 상자의 뚜껑을 열었더니 그 속에서 온갖 재앙이 뛰쳐나와 세상에 퍼지고, 상자 속에는 희망만이 남았다는 이야기지요. 이 이야기는 세상에 퍼진 재앙에도 불구하고, 인간이 끝까지 지녀야 할 것이 무엇인지 우리들에게 알려주고 있습니다.

플레밍의 페니실린

질병으로부터 많은 생명을 구한 '우연한 실수'

오랫동안 사람들은 질병의 원인이 귀신의 저주나 건강하지 못하기 때문이라고 생각했어요. 원인을 찾아내지 못하다 보니 수명은 매우 짧았고 열 명 중 세 명은 태어나서 한 살이 되기도 전에 사망했어요. 그러나 페니실린이 탄생한 후부터 인류는 더 오래 살 수 있게 되었답니다. 역사상 가장 중요한 발명품 중 하나로 기록되는 이 페니실린은 알렉산더 플레밍의 실수로 탄생했어요.

알렉산더 플레밍은 영국 출신의 미생물학자예요. 식중독을 일으키는 원인균인 포도상구균을 실험하던 플레밍은 균이 담긴 접시를 밖에 둔 채로 6주간 휴가를 떠났어요. 휴가에서 돌아온 플레밍은 접시를 보고 깜짝 놀랐어요. 균의 생명을 유지시켜 주는 배양기에 접시를 넣지 않았던 까닭에 포도상구균이 모두 죽었기 때문이에요. 그러던 중 플레밍은 뭔가를 발견했어요. 포도상구균이 죽은 접시 위에 푸른곰팡이가 자라고 있었던 것이었어요.

"곰팡이 주변의 포도상구균은 깨끗이 녹아 있잖아."

플래밍은 아래층에 있는 연구실에서 곰팡이를 연구하고 있다는 사실을 기억해 낸 후 다음과 같은 결론을 내렸어요.

"아래층에서 연구 중인 푸른곰팡이가 포도상구균을 죽였다. 그렇다면 푸른곰팡이는 포도상구균을 잡을 수 있는 능력이 있다."

플레밍은 문제의 곰팡이를 키워 보기로 했어요. 푸른곰팡이를 몇 주간 키운 플레밍은 이 곰팡이를 1000분의 1로 희석해도 포도상구균을 억제시킬 수 있다는 사실을 알아냈어요. 푸른곰팡이가 강력한 항균 작용을 한다는 것을 밝혀낸 것이었지요. 푸른곰팡이는 페니실륨이라는 곰팡이에 속했으므로 그 이름을 따서 페니실린을 만들었어요.

페니실린은 포도상구균을 포함해 인류 질병의 원인이 되는 다양한 세균을 억제시키는 능력이 있었어요. 또한 페니실린은 인간뿐만 아니라 동물에게도 해가 없다는 사실을 확인하게 되었어요. 플레밍의 실수는 질병에 대한 해답 열쇠를 발견하는 계기가 되었답니다.

+더하기+

뢴트겐의 엑스선

1895년 11월 8일 저녁, 실험을 하던 뢴트겐은 놀라운 발견을 하게 됩니다. 검은색 종이로 둘러싸인 음극관(크룩스관)에 높은 압력의 전류를 흘려보내자 음극관에서 1미터 이상 떨어진 작업대 위 형광판에서 불빛이 나타나는 것을 발견했어요. 전류 스위치를 올리면 불빛이 사라졌고, 스위치를 내리면 다시 불빛이 나타났어요. 뢴트겐은 유리 벽과 검은색 종이를 뚫고 나온 무언가가 형광판에 으스스한 빛을 일으킨 것으로 결론짓고 그것을 '미지의 빛'이라는 뜻의 '엑스선'이라고 불렀어요. 이 빛은 책, 나무, 고무판 등을 뚫을 정도로 투과력이 높았어요. 12월 22일, 자신의 아내인 베르타의 왼손을 찍은 사진을 논문과 함께 세계 유명 물리학자들에게 보냈어요. 이 같은 발견은 1896년 방사선의 발견과 라듐의 발견까지 이어졌지요. 뢴트겐의 놀라운 발견은 인류와 과학 및 의료에 큰 업적을 남겼답니다. 그러나 여성의 몸이 훤히 보이는 광선을 발견했다고 하여 사람들에게 비난을 받기도 하였어요.

장영실의 측우기

노비 신분을 극복하고 별이 된 세계적인 과학자

측우기는 강우량을 측정하기 위해 사용하는 기구예요. 일정 기간 동안 그 속에 고인 빗물의 깊이를 측정해 지역에 비가 얼마나 왔는지 측정하는 것이지요.

유럽에서는 1639년 이탈리아 로마에서 처음으로 측우기로 강우량을 관측했고, 프랑스 파리에서는 1658년에, 영국에서는 1677년부터 관측했어요. 한국에서는 이미 1442년 5월부터 측우기로 강우량을 측정했는데 이것은 이탈리아보다도 약 200년이 앞선 것이었어요. 조선의 측우기는 과학 분야에서 얼마나 뛰어났는지 알려 주는 뜻깊은 산물이라고 볼 수 있어요. 이 측우기를 발명한 사람은 우리나라 역사상 위대한 과학자 중 한 명인 장영실이에요.

장영실은 노비의 신분으로 태어났어요. 그는 외로운 어린 시절을 물건들과 함께 보냈어요. 물건은 장영실의 신분이 천하다고 해서 차별하지 않았기 때문이에요. 그는 물건을 만들고 부수고 다시 고치면서 놀았어요.

여러 가지 물건을 고치는 재주가 뛰어났던 장영실은 노비 생활을 하며 고

을의 기구들을 사용하기 편하게 바꾸었어요. 장영실이 재주가 있다는 소문이 퍼지기 시작했고 결국 세종대왕까지 그의 이야기를 들었지요.

　세종대왕은 재주만 있다면 신분은 중요치 않다고 여겼기 때문에 그를 한양으로 불러들였어요. 그리고 사람들의 편견 없이 능력을 펼칠 수 있도록 노비의 신분에서 벗어나게 해 주었어요.

　그 후 장영실은 일생을 발명에 바쳤어요. 백성들의 삶이 나아지도록, 왕이 더 기뻐하도록 열과 성의를 다했어요.

　1433년, 장영실은 세종대왕의 명을 받고 이천이라는 사람과 함께 천체의 움직임과 방위를 관측하는 기구인 '간의'와 '혼천의'를 발명했어요. 또한 우리나라 최초의 물시계인 '자격루'를 만들었지요. 이는 물의 압력에 의해 자동으로 작동되는 물시계로 해가 뜨고 지는 모습을 모형으로 만들어 시간과 계절을 알 수 있었어요.

　장영실은 이에 그치지 않고 원시적인 그림자 시계를 과학적으로 설계한 '앙부일구'와 휴대용 해시계인 '현주인구'도 발명했어요.

　현재 우주에서 최무선 별, 이천 별, 허준 별, 이순지 별과 함께 장영실 별이 빛나고 있어요. 국제천문연맹에서 우리나라 과학자들이 발견한 소행성 다섯 개에 한국의 위대한 과학자 이름을 붙였기 때문이에요. 조선 최고의 발명가는 이렇게 하늘에서 빛나고 있답니다.

측우대(昌德宮測雨臺)는 조선시대에 강우량을 측정하는 측우기를 올려놓았던 큰 돌로 높이 30.3센티미터, 가로 45.3, 세로 45.5센티미터의 대리석으로 만들어졌답니다.

노벨의 다이너마이트

탄생의 비밀 '안전하고 강력한 두 얼굴의 폭약

　노벨이 발명한 다이너마이트는 광산이나 토목, 건설 현장 등에서 아주 유용하게 사용되고 있어요. 다이너마이트가 산업의 발전에 큰 공헌을 했다는 것에 이의를 제기하는 사람은 없을 거예요.
　그런데 이렇게 유용한 다이너마이트는 전쟁에도 쓰이고 있어요. 이로 인해 많은 사람이 죽거나 부상을 입는답니다. 이처럼 인류에게 주어진 선물이자 재앙인 다이너마이트는 '노벨상'을 만든 노벨이 발명했어요.
　옛날에 폭약은 작은 충격에도 잘 폭발하는 액체 원료인 '나이트로글리세린'을 사용해 만들었어요. 그러다 보니 폭약을 만들 때나 운반할 때 폭발하기도 했지요. 1864년에는 폭약이 폭발하면서 노벨의 막냇동생을 포함해 5명이 사망하는 사건이 일어났어요. 노벨은 그때부터 안전한 폭약 만들기에 몰두했습니다.
　그러던 어느 날이었어요. 원료를 운반하던 마차가 돌부리에 걸려 덜컹거

리는 바람에 통 안에 담겨 있던 나이트로글리세린이 흘러내리기 시작했어요. 사람들은 이 액체 원료가 진동이나 충격에 쉽게 폭발하는 것을 잘 알고 있었기 때문에 서둘러 대피했어요. 그런데 노벨은 피하는 대신 마차로 천천히 다가갔어요. 나이트로글리세린이 계속 땅으로 떨어지는데 폭발하지 않는 것이 신기했기 때문이지요.

노벨은 땅속으로 스며들고 있는 나이트로글리세린을 살펴보았어요. 결국 폭발 사고는 일어나지 않았고 노벨은 액체가 스며든 흙을 퍼 담아 집으로 가져왔어요.

그 흙은 규조토였어요. 규조토는 백색이나 회백색을 띄는 가벼운 흙이었어요. 노벨은 규조토의 흡수력이 뛰어나다는 사실을 알게 되었지요.

노벨은 나이트로글리세린에 규조토를 섞은 고체 화약을 발명했어요. 이것이 바로 다이너마이트랍니다.

액체 화약보다 안전하고 폭발력은 더 강해진 다이너마이트는 전 세계의 채굴 및 건설 산업에서 널리 사용되었어요. 그러나 다이너마이트는 사람을 죽이는 무기로 쓰이기도 해서 노벨은 '사람을 더 많이, 더 빨리 죽이는 방법을 개발해 부자가 된 인물'이라는 평을 듣기도 했어요.

'AK-47' 개발자 미하일 칼라시니코프

세계에서 가장 많이 팔린 소총 중 하나인 'AK-47'. 정식 명칭은 '1947년식 칼라시니코프 자동소총(Avtomat Kalashnikova)'이에요. 설계자는 러시아의 미하일 칼라시니코프라는 사람으로, 이 총은 냉전 시기 공산권, 테러 단체, 소말리아 해적에서 북한군까지 사용되고 있어요. 칼라시니코프는 AK-47을 개발한 공로로 소련 시절부터 많은 상과 훈장을 받았어요. 그러나 칼라시니코프는 "AK-47은 방어를 위한 것이지 누구를 공격하기 위한 것이 아니다"며 테러 단체나 어린 병사들이 이 소총을 사용하는 것에 대해 걱정을 했다고 해요. 칼라시니코프는 2013년 12월 94세의 나이로 세상을 떠났답니다.

브라유의 점자

손끝으로 세상과 다시 만난 시각장애인들

한글, 알파벳, 한자의 공통점은 무엇일까요? 바로 사람들은 의사소통을 위해 사용하는 글자입니다. 우리가 보는 안내문, 편지, 시험 문제 그리고 이 책도 한글이라는 글자로 쓰여 있지요. 언어는 달라도 전 세계 사람들이 글자를 사용한다는 것에는 변함이 없답니다. 그런데 눈이 보이지 않아 글자를 읽지도 못하고, 쓸 수도 없는 사람들은 어떻게 의사소통을 할까요?

앞이 보이지 않는 시각장애인들은 '점자' 라는 특수한 글자를 사용한답니다. 점자는 손가락으로 더듬어 읽을 수 있는 특수한 글자예요. 만일 점자가 없었다면 시간장애인은 청각에만 의존해 의사소통을 할 수밖에 없었을 거예요. 이러한 시각장애인들의 삶에 편리함을 제공하는 점자를 만들어 낸 사람은 바로 '루이 브라유' 라는 사람이에요.

루이 브라유는 1809년 프랑스에서 태어났지만 안타깝게도 어린 시절, 불의의 사고로 시각을 잃고 말았어요. 그는 나이가 들수록 세상이 점점 무서워지기 시작했어요. 게다가 당시 시각장애인은 교육을 받을 방법이 많지 않아

좋은 직업을 가질 수 없었어요. 브라유는 구걸하며 살고 싶지 않았어요.

그러던 어느 날이었어요. 그는 전쟁터에서 쓰는 종이 한 장을 접하게 되었어요. 그 종이에는 여러 기호들이 올록볼록하게 튀어나와 있었어요. 전쟁터에서는 적들이 알아볼 수 없도록 아군들만 아는 신호를 사용했기 때문이었어요.

"그래! 바로 이거야!"

브라유는 손가락의 촉감을 이용해 책을 읽을 수 있도록 만들어야겠다는 아이디어를 얻었어요.

브라유는 먼저 여섯 개의 점으로 이루어진 알파벳 기호를 만들었어요. 그리고 이를 이용해 글자, 숫자, 음표 등을 표현했어요. 오직 여섯 개의 점으로 이루어져 있었기 때문에 시각장애인들은 점자를 쉽게 익힐 수 있었어요.

브라유 덕분에 시각 장애인들도 간단한 점자를 통해 책을 읽을 수 있게 되었고, 공부도 할 수 있게 되었어요. 그리고 음악을 듣기만 하는 것이 아니라 점자로 읽을 수도 있게 되었답니다. 이렇게 브라유의 점자로 인해 시각장애인들의 삶은 몰라보게 개선되었답니다.

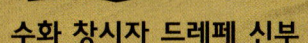

수화 창시자 드레페 신부

수화는 1760년 프랑스의 드레페 신부가 처음 만들었어요. 수화는 각 나라의 언어에 맞춰 의사소통을 할 수 있도록 개발되었지요. 우리나라는 1946년 국립맹아학교의 윤백원 선생님이 '한글 지문자'를 만들어 손 모양을 한글 자모와 비슷하게 표현할 수 있도록 하였지요.

팩스턴의 수정궁

남다른 관찰력이 만든 세계적 건축물

1851년 런던에서 만국 박람회가 열렸어요. 만국 박람회는 새로운 공산품을 전시하는 행사였기 때문에 국가 간에는 경쟁의 장이었지요. 또한 박람회장은 한 번 열릴 때마다 수십 채의 건물들을 새로 지어야 하는데 이는 건축가들에게 자신을 알릴 수 있는 기회이기도 했어요. 이러한 만국 박람회 첫 회를 빛낸 것은 크리스털 팰리스, 수정궁이에요.

수정궁은 철과 유리로 된 거대한 온실풍의 건축물로 세계 최초의 철골 건축물이기도 해요. 세계사에 길이 남을 건축물인 수정궁을 만든 사람은 정원사이자 건축가인 조지프 팩스턴이에요.

팩스턴은 건축에 관한 정규 교육을 받은 적이 없었어요. 그에게 뛰어난 점이 하나 있다면 그것은 누구보다도 뛰어난 관찰력이었어요.

만국 박람회에 나가기로 한 후, 팩스턴은 사람들을 놀라게 할 건축물을 짓기 위해 골몰했어요. 그러다 정원사로 일했던 젊은 시절을 떠올렸어요.

그는 외국에서 일하던 당시 아주 인상 깊은 수련을 보았어요. 수련은 수중 식물로 연못 위로 떠오르는 꽃인데 팩스턴이 본 것은 무려 잎의 지름이 180센티미터나 되는 것이었어요. 이 수련의 잎과 줄기는 몹시 튼튼해서 어린아이를 잎 위에 올려놓아도 그 무게를 받쳐 줄 정도였어요.

> *잎의 유관속 다발이 드러나 보이는 형태로, 줄기에서 갈라져 나와 잎으로 들어가는 관다발을 엽적이라 하고, 잎에 형성된 관다발과 그것을 둘러싼 부분을 엽맥 또는 잎맥이라 합니다.

팩스턴은 이 수련의 잎이 튼튼한 이유를 알아내기 위해 수련을 정밀히 관찰하기 시작했어요. 그는 유심히 관찰한 끝에 정답을 찾아냈어요. 그것은 바로 수련의 잎을 연결하는 엽맥*이었어요. 엽맥은 식물의 잎에 물질을 운반하는 역할을 하는데 잎 속의 물과 양분의 이동 통로였어요.

팩스턴은 80평짜리 온실에 금속으로 기둥과 기둥을 받쳐 주는 들보를 만들었어요. 그리고 그 위에 유리 지붕을 얹었어요. 이 온실에 수정궁이란 이름을 붙여 주었어요.

1851년 하이드 파크의 만국 박람회장 전경 그림입니다.

만국 박람회는 성황리에 진행되어 141일 동안 다녀간 관람객은 600만 명이 넘었으며 영국의 빅토리아 여왕도 열다섯 번이나 다녀갔어요. 가장 붐빈 날에는 수정궁 안에 9만 명의 관람객이 몰렸다고 해요. 수정궁은 지금까지도 공학에 예술을 융합한 건물로 가치를 높게 평가받고 있답니다.

콜럼버스의 달걀

위대한 시작은 발상의 전환에서

콜럼버스는 이탈리아 제노바에서 태어났어요. 어린 시절부터 탐험에 관심이 많았던 콜럼버스는 배를 타는 선원이 되었어요. 그는 뱃사람이 되어 세계를 돌아다니며 지구가 둥글다는 것을 알게 되었어요.

"지구는 둥그니까 서쪽으로 계속 가다 보면 언젠가는 동쪽으로 갈 수 있을 거야!"

1492년, 콜럼버스는 산타마리아호를 타고 서쪽으로 항해를 떠났어요. 동쪽에 위치한 '인도'를 찾아 나선 것이었어요. 그는 고생 끝에 미지의 대륙을 발견했어요. 드디어 인도를 찾았다는 기쁨에 콜럼버스는 함성을 질렀어요.

하지만 그곳은 인도가 아니라 지금의 아메리카 대륙이었어요. 하지만 콜럼버스는 그곳을 인도라고 믿으며 주민들을 인디언이라고 불렀어요.

콜럼버스가 인도를 발견하고 돌아오자 그의 고향에서 큰 파티가 열렸

어요. 하지만 일부 사람들은 땅 하나 찾은 게 대수냐는 식으로 반응했어요. 그러자 콜럼버스는 식탁 위에 놓인 달걀을 집어 들었어요.

"이 달걀을 탁자 위에 세워 볼 사람 있습니까?"

사람들은 너 나 할 것 없이 나서서 달걀을 세우려 했지만 모두 실패했어요. 둥근 달걀이 세워질 리가 없었기 때문이지요. 모두가 콜럼버스가 쳐다보았어요. 그러자 그는 달걀 끝을 쳐서 깨뜨린 후 탁자 위에 세웠어요.

"쉬워 보이더라도 처음으로 시도하기는 쉽지 않은 것! 나의 탐험도 마찬가지요."

이 일을 계기로 해서 콜럼버스의 달걀은 '상식을 깬 발상의 전환' 혹은 '실천의 중요성'을 뜻하는 어휘로 쓰이게 되었어요.

콜럼버스에 대한 평가가 좋은 것만은 아니에요. 그는 인도가 아닌 곳을 인도라고 했고 사람들에게 신대륙에는 금이 많다고 부풀려 말하기도 했어요. 이 소식을 접한 사람들은 금 찾기에 혈안이 되었어요.

신대륙에 많은 금을 기대하고 간 사람들은 생각보다 양이 얼마 되지 않자 돈이 될 만한 것을 찾았어요. 결국 그들은 원주민들을 잡아 노예로 팔았어요.

신대륙을 발견한 콜럼버스 때문에 많은 원주민들이 노예로 팔려가 괴롭힘을 당했지요. 하지만 많은 지식을 가지고도 그것을 활용하지 못하는 사람, 누구나 아는 것이지만 실천하기 힘든 사람에게 콜럼버스의 달걀만큼은 시사하는 바가 크답니다.

정치와 사회가 만난 어휘

작은 정부
자본의 원리로 작동하는 사회

큰 정부, 작은 정부.

이게 무슨 말일까요? 정부에 크기가 변한다니요? 이는 정부의 크기란 고정되어 있는 것이 아니라 시대에 따라 변할 수 있다는 것을 뜻해요. 어떤 시대이냐에 따라서 사람들이 정부에 기대하는 역할이 다르기 때문에 이에 따라 정부가 크기를 키우기도, 줄이기도 해서 생긴 용어랍니다. 그렇다면 큰 정부, 작은 정부의 차이에 대해 알아볼까요?

19세기, 자본주의가 시작되면서 경제학자들은 '작은 정부론'을 주장했어요. 작은 정부론이란 정부는 사람들이 지켜야 할 법과 질서 유지에만 힘쓰고 국가의 이익은 자본주의의 흐름에 맡기자는 이론이에요. 이는 이익을 창출하고 소비하는 것을 사람들에게 맡기는 것이었어요.

그러나 20세기에 들어서면서 국민들이 자율적으로 할 수 없는 실업률 축소나 복지에 관한 문제들이 발생했어요. 이로 인해 정부가 할 몫이 점

점 커져 갔고, 사람들은 입을 모아 '큰 정부'를 원했어요.

역할이 커진 정부는 실업률을 줄이고 노동자의 복지를 위해 힘썼어요. 하지만 정부가 경제를 적극적으로 통제하자 국가의 이익이 줄고 경제 활력이 떨어지기 시작했어요. 그래서 20세기 후반에는 다시 작은 정부론이 등장하게 되었지요. 이처럼 큰 정부와 작은 정부는 장단점이 분명했어요.

한국에서는 1992년 김영삼 대통령이 취임하면서 작은 정부의 슬로건을 내걸었어요. 정부는 사회를 최소한으로만 제어하겠다는 것이었지요. 대통령은 정부 기구를 축소하고 필요 없는 부서는 없앴어요. 또 공무원의 수를 줄이고 규제를 완화했지요. 어느 한 정책만 고집하기보다 양쪽의 장단점을 고려해 적절히 활용하는 것이 현명하겠죠?

큰 정부 작은 정부 장단점

	작은 정부	큰 정부
목표	법과 질서 유지	사회 복지 함양
시기	19세기, 20세기 후반	20세기
장점	시장 경제 활발 및 자유	실업률 축소, 노동자 복지 증진
단점	실업률 증가, 복지 감소	국가 이익 감소, 경제 활력 축소

레임덕

대통령도 권력 없으면 이빨 빠진 호랑이?

레임덕이란 '뒤뚱거리는 오리'라는 뜻으로, 공직자의 지도력이 임기가 끝나갈수록 약해지는 모습을 비유할 때 쓰이는 어휘지요. 공직자뿐만 아니라 예전에는 잘나가던 사람이 제대로 기능하지 못할 때 쓰이기도 해요.

미국 남북 전쟁 때, 재선에 실패한 현직 대통령이 남은 임기 동안 정책을 집행하는 데 일관성이 없었다고 해요. 마치 뒤뚱거리며 제대로 걷지 못하는 오리처럼 말이지요. 그 후로 레임덕은 정권 말기의 약한 지도자를 가리키는 용어가 되었어요.

미국은 4년마다 대통령과 부통령을 선출하며 한 번씩 재선할 수 있어요. 1933년 이전에는 대통령 선거를 11월에 치르고, 임기는 다음 해 3월 5일에 시작하도록 법으로 제정되어 있었어요. 따라서 현직 대통령이 재선되지 못할 경우, 새 대통령의 임기가 시작될 때까지 대통령직에 있어야 했지요. 그러나 모든 사람들의 관심은 새로 뽑힌 대통령에게 쏠렸어요.

게다가 국회의원들도 현직 대통령보다는 새 대통령의 정치 계획에 귀를 기울일 수밖에 없었어요. 이미 다음 대통령을 뽑은 상태이니 현직 대통령이 할 수 있는 일은 많지 않았어요. 또한 집권 초기의 강력한 권한과 의지도 시간이 지날수록 약해졌어요. 그런 이유로 대통령은 레임덕을 피하기 어려웠답니다.

미국 의회는 레임덕을 막기 위해 11월에 대통령을 뽑되 취임 시기를 3월에서 1월 20일로 앞당겼어요. 이렇게 해서 레임덕 현상이 일어날 수 있는 기간을 단축했지요.

우리나라도 레임덕을 피할 수 없어요. 우리말로 권력이 제대로 발휘되지 않고 밑 빠진 독처럼 새어 나간다고 하여 '권력 누수 현상'이라고 해요.

막상 레임덕이 시작되면 레임덕으로 인해 생기게 될 손실과 느슨한 마음가짐을 어떻게 다잡을 것인가가 관건이에요. 무엇보다도 레임덕 당사자의 강력한 의지가 중요한 시기이지요. 처음의 마음을 기억하는 것, 끝까지 최선을 다하겠다는 마음이 필요해요.

대통령은 남은 임기 동안 현명하게 정책을 조율하고 결정해야 해요. 국회의원들도 새 대통령의 정책에만 귀를 기울일 것이 아니라 현 대통령의 밑에서 맡은 바를 다해야 합니다. 그렇게 되면 정권이 바뀔 때마다 발생하는 레임덕 현상을 없앨 수 있지 않을까요?

카스트 제도

인권을 억누르는 오래된 관습의 폐해

"수드라-바이샤-크샤트리아-브라만"

이는 무엇을 가리키는 말일까요?

인도에는 아주 오래전부터 신분을 구별하는 제도가 있었어요. 이를 '카스트 제도'라고 해요.

인도 국민들은 다양한 인종, 다양한 문화, 다양한 종교로 이루어져 있어요. 인종과 문화에 따라 구분하기 시작한 것이 결국 신분을 나누는 제약이 되어 버렸습니다.

인도는 민주주의 국가예요. 모든 사람이 평등할 권리가 보장된 나라이지요. 하지만 신분제는 그들의 삶에 깊게 뿌리를 내리고 있어서 지금도 계속 유지되고 있어요.

실제로 인도에서는 수드라, 바이샤, 크샤트리아, 브라만에 속하지 않는 가장 낮은 계급이 있다고 해요. 이는 파리아라고 불리는 불가촉천민인데 3억 명이 이에 해당된다고 해요. 그들은 다른 신분과는 몸이 닿으면 안

될 정도로 천한 신분으로 취급당하고 있어요.

　인도에서는 신분에 따라 결혼이나 직업에 차별을 두고 있어요. 서로 다른 계급과 결혼할 수 없고, 나라의 제도를 살피는 정치인이나 공무원은 높은 신분에 해당되는 사람만 될 수 있지요. 고급 교육의 기회 또한 그들에게만 주어지지요.

　하층민은 빨래나 인도의 교통수단 중 하나인 릭샤를 모는 일을 해요. 그들은 교육을 받을 수 없기 때문에 단순노동 외에는 할 수 있는 것이 없어요.

　최근엔 경제가 발달한 인도 남부 해안 도시들을 중심으로 대학 교육을 받은 하층 계급이 늘어나고 있어요. 이로써 카스트 제도도 조금씩 무너지고 있는 것이지요. 하지만 이 또한 긍정적인 것은 아니에요. 돈이 있는 사람만 하층 계급에서 벗어날 수 있기 때문이에요. 다른 모양새일 뿐 결국 또 다른 신분 제도를 만들어 내고 있는 셈이랍니다.

　그렇다면 카스트 제도 속에서 외국인의 등급은 어떻게 될까요? 원래 외국인은 등급을 매길 수 없어 파리아, 즉 가장 낮은 천민으로 분류돼요. 하지만 인도를 지배했던 영국인만은 높게 대접받고 있어요.

　신분 제도는 어느 나라에나 존재했어요. 우리나라도 고대에 성골과 진골로 나뉘는 골품제가 있었고 가깝게는 조선 시대에 양반-중인-평민-천민으로 나뉘는 신분 제도가 있었지요. 하지만 오늘날에 와서 인도만큼 신분 제도가 엄격한 나라는 없답니다.

탄핵

잘못을 저지른 권력자를 해임하는 국회의 권한

탄핵은 일반적인 절차에 따라 파면하기가 곤란하고 검찰 기관에서 죄를 심판하기가 어려운 대통령 및 고위 공무원을 해임하거나 처벌하는 행위 혹은 제도를 말해요. 이러한 탄핵 제도는 고대 그리스 로마 시대로부터 비롯해 14세기 말 영국의 에드워드 3세 때 확립되었고, 우리나라는 제1공화국 헌법에 다음과 같이 규정하고 있어요.

"대통령, 국무총리, 국무위원 등 기타 법률이 정한 공무원이 그 직무 집행에 있어 헌법이나 법률을 위배한 때에는 국회는 탄핵 소추를 의결할 수 있다."

탄핵의 대표적인 예로는 미국의 빌 클린턴 전 대통령 사건을 들 수 있어요.

1999년, 빌 클린턴 전 대통령은 재직 당시 백악관 여직원과 부적절한 관계를 가졌고 이를 숨기려 거짓말을 하고 증거를 숨겼다는 정황이 드러

*원고의 청구에 타당한 이유가 없다고 판단하여 물리치는 것, 또는 그런 행위를 말합니다.

났어요. 국민들은 이를 지켜볼 수 없었고 대중의 차가운 반응을 의식한 미국 공화당은 헌법에 따라 클린턴을 대통령 직위에 끌어내리려 탄핵 심판을 추진했어요. 결국 클린턴에 대한 탄핵 심판이 전 세계로 방송 중계되었지요.

당시 여당이던 미국 민주당 의원들과 백악관 참모들은 빌 클린턴의 탄핵에 맞서기 위해 힘을 합쳤어요. 덕분에 클린턴은 겨우 탄핵을 면할 수 있었지만 이미지가 추락해 차기 대통령 자리를 야당에게 빼앗기고 말았어요.

우리나라에서도 탄핵 안건이 국회를 통과한 적이 있어요. 2004년, 당시 우리나라 대통령이던 고 노무현 대통령에 대한 것이었어요. 대한민국 역사상 최초의 탄핵 소추는 노무현 대통령의 발언으로 시작되었어요.

"대통령으로서 여당이 많이 당선되면 좋겠다."

국회의원 선거를 앞두고 이루어진 대통령의 이 같은 발언은 공직선거법상의 중립 의무를 어긴 것이었어요.

하지만 국민 대다수는 대통령의 편을 들었고 결국 그해 국회의원 선거에서 여당은 압승을 거두었어요. 또한 헌법 재판소가 탄핵안을 기각*하면서 사건은 마무리되었답니다.

황색 언론

'신문도 결국 상품?'
재미있어야 잘 팔려

신문의 첫 면을 보면 큰 글자와 함께 여러 사진이 들어가요. 사람들의 시선을 끌기 위해서지요. 어떤 신문은 독자들을 끌어당기기 위해 일부러 자극적인 사건을 싣기도 해요. 이러한 것을 일컬어 황색 언론이라고 불러요. 영어로는 옐로 저널리즘이라고 하는데, 괴기스러운 사건, 밝혀지지 않은 미스터리 등 사람들의 궁금증을 끌 만한 것들을 골라 싣는 것이에요.

"재미없는 신문은 죄악."

황색 언론은 미국에서 신문의 왕이라 꼽히는 헝가리 출생의 퓰리처로부터 시작되었어요. 퓰리처는 신문이 옳은 것과 그른 것을 가르치는 교육적인 역할을 해야 한다는 신념을 갖고 있긴 했지만 그러려면 모두가 읽고 싶어 하는 재미있는 신문을 만들어야 한다고 생각했어요.

그는 독자들의 흥미를 끌기 위해 신문에 화려한 사진을 싣고 유명한 사

람들에게 만평을 부탁했어요. 그리고 사람들이 가장 좋아하는 운동과 관련된 기사를 많이 다뤘어요.

　1889년부터는 일요일 신문에 만화를 기재했어요. 그 만화의 제목은 '옐로 키드'로 황색 옷을 입은 소년이 주인공이었어요. 당시 언론계에서 가장 잘나갔던 윌리엄 허스트도 자신의 신문에 옐로 키드를 똑같이 사용하면서 두 신문은 경쟁을 벌이게 되었어요. 그때부터 선정적 기사를 기재하는 신문을 황색 언론이라고 칭했어요.

　황색 언론은 자본주의 사회의 산물이라고 볼 수 있어요. 많이 팔아야만 또 많이 생산할 수 있다는 시장 논리에 따라 선정적인 기사를 실어서라도 더 많이 팔고 많이 찍을 수밖에 없었던 것이지요.

　퓰리처는 황색 언론을 조장했다는 이유로 사회가 고수하던 전통적인 풍습을 깬 사람, 신문의 품위를 낮춘 사람으로 손가락질 받기도 했어요. 하지만 지금까지도 많은 신문들이 퓰리처의 영향을 받아 이야깃거리가 될 만한 사건을 싣고 좀 더 자극적인 요소로 기사를 풀어 나가고 있어요.

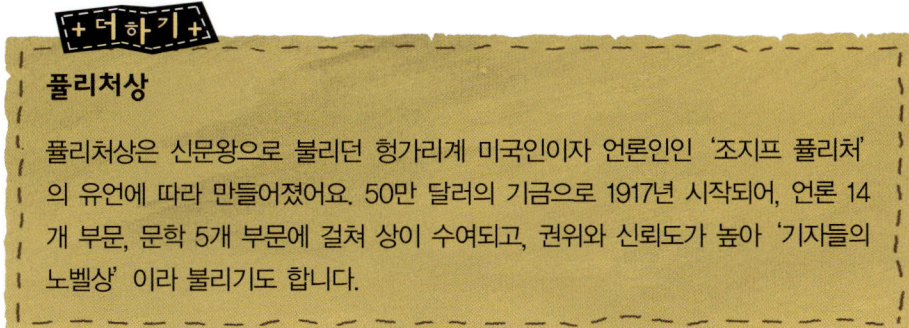

퓰리처상

퓰리처상은 신문왕으로 불리던 헝가리계 미국인이자 언론인인 '조지프 퓰리처'의 유언에 따라 만들어졌어요. 50만 달러의 기금으로 1917년 시작되어, 언론 14개 부문, 문학 5개 부문에 걸쳐 상이 수여되고, 권위와 신뢰도가 높아 '기자들의 노벨상'이라 불리기도 합니다.

화이트 칼라

자본가와 블루칼라 사이 사무직 노동자

화이트칼라는 흰 와이셔츠 차림으로 작업할 수 있는 사람들을 가리키는 말로, 옷깃(Collar) 색깔이 흰색(White)이라는 뜻에서 어휘가 유래되었어요. 화이트칼라는 전문직, 사무직으로 주로 책상에서 업무를 하는 계층이에요.

이와 쌍을 이루는 말로는 블루칼라가 있어요. 블루칼라는 작업복을 입고 현장에서 일하는 사람들을 가리키는 말이지요. 과거 미국에서는 질기고 튼튼한 청바지 재질로 작업복을 만드는 경우가 많았기 때문에 블루칼라가 공장이나 공사 현장의 노동자들을 뜻하게 된 것이에요.

초기 자본주의 속에서는 화이트칼라와 블루칼라의 개념이 없었어요. 자본가와 그들이 고용하는 노동자라는 두 가지 계층만 존재했지요. 20세기에 들어오면서부터 산업의 구조가 거대해지고 복잡해지면서 직업도 세분화되기 시작했어요. 예전에는 모두가 현장에서 일을 해야 했다

*사회 내 구성원들을 몇몇 집단으로 구분 짓는 현상. 상하 구분으로 사용되기도 하고, 유사한 지위나 권한을 가진 집단끼리 나눈 것을 가리키기도 합니다.

면 이제는 관리, 기술, 사무, 판매 등에 종사하는 집단이 새롭게 생겨났지요. 그렇게 해서 생겨난 중간층이 화이트칼라예요. 일을 하는 장소가 현장에서 사무실로 이동했고 지위는 노동자와 경영자의 사이가 되었어요. 주된 업무는 정신적인 노동에 해당되었고 복장도 노동자와는 구별되었어요. 하지만 결국 누군가의 밑에서 일하고 고용에 의존해야 한다는 점에서는 본질적으로 생산직 노동자와는 다를 바가 없어요.

화이트칼라에 속하는 사람 중 일부는 자신들이 블루칼라에 비해 우월하다고 주장하기도 해요. 화이트칼라는 노동자에 비해 승진이 쉽고 미래가 밝으며 고급스러운 여가 활동을 즐기고, 학력과 소득 수준이 높다는 점을 들어 그렇게 이야기하지요. 실제로 돈이 없으면 할 수 없는 스포츠 경기 등을 양산해 계층*을 나누려는 움직임을 보이기도 해요. 이는 하나의 사회학적 문제라고도 볼 수 있어요.

블루칼라

자본가
화이트칼라

화이트칼라

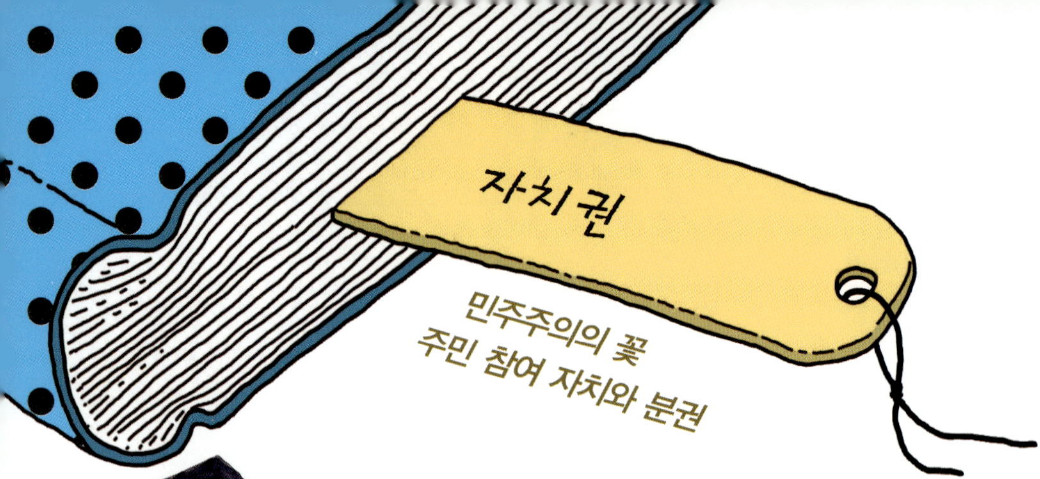

자치권

민주주의의 꽃
주민 참여 자치와 분권

우리는 각자 사는 곳이 달라요. 어떤 사람은 서울 양천구 목동에 살고 또 어떤 사람은 김포시 장기동에 살기도 해요. 대한민국 국민들은 많은 지역에 분포되어 살고 있기 때문에 중앙 정부에서 이 일을 다 맡아 보려고 한다면 과부하가 걸려 마비되고 말 거예요. 그래서 같은 지역에 있는 사람들끼리 지역 공동 사회를 만들었어요. 각 지역에 관련된 일을 효율적으로 처리하고 중앙 정부에 독립적인 의사를 표현하기 위해서지요. 이것을 지방 자치 단체라고 부르고 그들이 갖고 있는 권리를 '자치권'이라고 해요. 각 지역마다 자율적인 통치권을 갖는다는 뜻이지요.

지방 자치 단체가 갖는 권한으로는 주민 복리 증진 및 행정 사무 처리권, 자치 입법권, 재산 관리권 등이 있어요.

주민 복리 증진 및 행정 사무 처리권이란 지역 주민들의 삶이 나아지도록 생활 환경을 조성하는 것이에요. 건물이 숲처럼 이루어진 곳에서 사람

들이 쉴 수 있도록 공원을 만들거나, 비가 오면 물이 잘 빠지지 않는 동네에 배수 시설을 만드는 일을 한답니다.

자치 입법권이란 나라가 정한 법 안에서 지역에 필요한 규정을 정하는 것이에요. 지역에 필요한 규칙이 정해지면 지방 자치 단체의 장은 그것을 주민들에게 지켜 줄 것을 당부하며 공표할 수 있어요.

재산 관리권이란 말 그대로 재산을 소유하고 관리하는 권리예요. 지역에 사는 사람에게 세금을 걷고 지역이 필요로 하는 일에 그 세금을 쓴답니다.

국가는 건강하고 안전한 사회 구성을 위해 국민들을 통치할 권리를 가져요. 이러한 권리를 국가의 통치권이라고 하는데 지방 자치 단체의 자치권도 국가의 통치권과 비슷한 성질을 지닌답니다. 국가에서 부여한 권력이라는 점과 공공적, 지방적 사무를 처리하기 위해 설립된 단체라는 점 때문이에요.

하지만 자치권의 성질에 대해서는 의견이 분분해요. 한편에서는 지방 자치 단체의 자치권은 국가 통치권의 일부로서 국가의 허락 없이 권리를 주장할 수 없다고 하고, 다른 한편에서는 국가라 할지라도 자치권은 독립적이므로 함부로 권리를 침해할 수 없다고 해요. 우리나라 헌법에는 '지방 자체 단체는 법령의 범위 안에서 자치에 관한 규정을 제정할 수 있다.'고 정해져 있기 때문에 국가의 허락 없이 권리를 주장할 수 없어요.

과거 제도

우와! 1,000년 전에도 공무원 시험이?

우리나라에서 대학교에 입학하려면 '수능'이라고 부르는 수학 능력 시험을 거쳐야 해요. 이는 대학에서 수학할 수 있는 적격자를 선발하기 위해 교육부에서 해마다 실시하는 시험이에요. 옛날에도 수능과 비슷한 시험이 있었어요. 능력을 기준으로 관리를 선발하는 '과거'가 바로 그것이에요.

과거 제도는 유교를 국가의 지도 이념으로 하는 나라에서 주로 유교 경전의 시험을 통해 관리를 선발하는 제도예요. 이 제도는 중국에서부터 비롯되었는데, 중국은 587년도부터 시험이 있었어요. 과거 제도는 왕이 직접 관리를 뽑아 자기 사람으로 만드는 것이었기 때문에 중앙 집권적 관료 체제를 확립하기 위해 꼭 필요한 것이었어요. 우리나라는 약 400년 뒤인 고려 시대부터 과거 제도를 실시했어요.

과거 제도를 처음 시행한 고려의 왕 광종은 귀족들의 힘이 세지는 것을 막고 왕에게 충성을 다하면서도 교양을 갖춘 관리를 두고 싶었어요. 그래

*인재를 뽑아서 쓰다.

서 노비나 춤을 추고 노래를 부르는 예능인을 제외한 일반 백성 누구나 시험을 치를 수 있게 했어요.

고려 시대의 과거는 크게 제술과, 명경과, 잡과로 구분되었어요. 그중에서도 제술과와 명경과는 합격하면 문관이 될 수 있었기에 가장 중요시되었고 잡과는 기술관 등용* 시험으로 명경과나 제술과에 비해서는 급이 떨어졌어요. 아쉽게도 무술을 평가하는 무과는 실시하지 않았어요.

조선 시대에도 과거 제도는 계속되었어요. 고려 시대의 제술과와 명경과를 통합한 문과와 무관을 뽑는 무과를 실시했어요.

과거 제도가 사회, 교육, 문화 등에 끼친 영향은 상당히 컸어요. 출세하기 위해서는 과거에 합격해야 하는데 그러려면 유교 교양과 유교 경전을 익혀야만 했어요. 즉 독서인이 되지 않으면 사회의 지배층이 될 수 없었던 것이지요. 이는 시대의 교육열을 자극시켜, 발달된 고급문화를 이룩할 수 있게 됐어요.

새로운 문물이 들어오면서 시대가 급변하자 문과, 무과와 같은 시험으로는 새로운 시대를 담당할 관료를 선발할 수 없었어요. 새 시대에 맞는 지식을 가진 관리가 필요하기 때문이지요. 이에 따라 갑오개혁 때 과거 제도는 폐지되었답니다.

서울시에서는 1994년부터 과거제 재현 행사를 통해 조선 시대의 기록을 체험하고 사람들에게 두루 알리고 있어요.

뉴딜 정책

단순 경기 부양보다는 불평등 해소가 본질

'뉴딜(New Deal)'은 원래 카드놀이에서 새로운 패를 돌릴 때 쓰는 말이에요. 미국의 프랭클린 루스벨트 대통령은 새로운 게임을 하듯이 새로운 정책으로 경제를 살려 보자는 뜻에서 새 경제 정책을 '뉴딜 정책'이라 명명했어요.

뉴딜 정책은 1930년 세계 경제 대공황을 벗어나기 위해 제시한 여러 가지 경제 개혁 정책들을 뜻해요.

1929년부터 발생한 경제 대공황으로 미국은 극심한 경기 침체에 빠졌어요. 그리고 1월 29일 미국의 주식이 폭락하면서 전 세계의 경기가 침체되었지요. 이로 인해 산업의 생산량은 감소했고 잘나가던 회사들도 하나둘 문을 닫았어요. 회사를 잃은 직원들은 모두 실직자가 되어 거리를 맴돌았어요. 이렇다 보니 국민총생산량도 자연스럽게 떨어졌어요.

1933년에 취임한 루스벨트 대통령은 구제(Relief), 부흥(Recovery), 개혁(Reform)을 제시했어요.

미국인들은 이른바 '3R 정책'에 열광했고 대통령은 경제 대공황을 극복하기 위해 적극적으로 나섰어요. 우선 경제 전문가들과 학자들을 모아 경제가 나아질 수 있는 여러 가지 방법을 모색하게 했어요. 그들은 함부로 금융 거래를 할 수 없게 하는 방법과 은행에 위기가 닥쳤을 때 정부가 일정 금액을 보장해 주는 제도 등을 고안했어요. 또한 농업 생산량을 조절해서 농작물이 폭등하거나 급격히 떨어지지 않게 만들었고 노동의 효율성을 위해 너무 오래 일하지 않는 제도를 도입했어요. 권리를 보호받은 노동자들은 더 열심히 일했어요.

이전에도 루스벨트라는 이름을 가진 대통령이 있었어요. 시어도어 루스벨트 주니어(1858~1919)는 미국의 26대 대통령으로, '테디 베어'는 그의 이름에서 유래했다고 해요.

뉴딜 정책은 이에 그치지 않았어요. 대통령은 강 유역에 다목적 댐을 만드는 공사를 진행시켰어요. 이는 홍수를 대비하여 인명을 구했을 뿐만 아니라, 댐 공사를 위해 일자리를 창출했고 지역까지 개발되어 1석 3조의 효과를 누리게 되었어요.

뉴딜 정책의 핵심은 경제 대공황을 불러일으킨 사회적 불평등을 해소하자는 것이었어요. 단순히 정부가 돈을 풀어 경기를 띄우는 것이 아니라 노동자의 삶의 질을 높인 복지 정책이라고 할 수 있답니다.

세도 정치

백성들을 괴롭힌 측근·외척들의 국정 농단

세도 정치란 왕의 역할을 대신하는 정치인과 그를 따르는 신하들로 이루어진 조선의 정치 형태예요. 이는 바른 정치로 사회를 이롭게 하고 세상을 올바르게 다스리겠다는 이념에서 나왔어요. 하지만 몇몇 가문이 왕보다 힘이 세져 권력을 마음대로 휘두르는 일이 생기자 부정적인 의미로 쓰이게 되었어요.

세도 정치의 대표적인 가문으로는 안동 김씨와 풍양 조씨가 있어요. 이 두 가문은 왕실과 혼인 관계를 맺으면서 자신들의 힘을 키워 나갔어요.

조선의 제23대 왕인 순조는 겨우 열한 살의 나이로 왕위에 올랐어요. 안동 김씨였던 김조순은 자신의 딸을 순조와 혼인시켰지요. 딸이 왕비가 되자 김조순을 대표로 한 안동 김씨는 권력의 중심이 되었어요. 왕과 중전이 어린 탓에 김조순이 조선을 쥐락펴락할 수 있었으니 안동 김씨 사람

들은 무서울 것이 없었어요. 그들은 무려 60년간 권력을 독점했어요.

순조가 죽은 후 헌종이 제24대 왕이 되었어요. 헌종 또한 여덟 살이라는 어린 나이에 즉위했기 때문에 관례에 따라 순조의 왕비이자 김조순의 딸인 순원왕후가 수렴청정을 했어요. 이에 안동 김씨의 기세는 더더욱 강해졌어요. 그러는 사이, 헌종이 왕이 될 수 있도록 도운 조만영 등의 풍양 조씨도 세력을 조금씩 넓히고 있었지요.

헌종이 성장함에 따라 순원왕후의 수렴청정은 명분을 잃기 시작했어요. 기회는 이때뿐이라는 것을 알았던 풍양 조씨 일가는 왕에게 안동 김씨 세력을 조심하라고 조언했어요.

1839년, 풍양 조씨는 기해박해(천주교 탄압 사건)를 기점으로 안동 김씨를 몰아냈어요. 안동 김씨가 천주교에 호의적이었기 때문이었어요. 이후 풍양 조씨는 안동 김씨에 이어 세도 정치의 중심이 될 수 있었어요.

사람들은 관직을 얻기 위해 세도 정치가에 뇌물을 바쳤어요. 이에 대한 보상으로 그들은 뇌물을 바친 자에게 과거 시험의 답안을 알려 주었어요. 상황이 이렇게 되니 관직에 오른 자들 중에는 정치를 제대로 할 수 있는 자가 없었지요.

세도 정치는 타락의 절정을 이룬 권세 정치라는 부끄러운 역사로 남게 되었습니다.

고령화 사회

이제 초고령 사회를 대비할 때라고?

의학이 발달하고 생활 수준이 높아지면서 사망률은 현저하게 낮아지고, 자연스레 인간의 평균 수명이 늘어났어요. 반면 출산율은 매년 떨어지고 있어요. 태어나는 사람도, 죽는 사람도 줄어들었다는 것이지요.

고령화 사회란 이렇듯 죽는 사람이 줄어드는 사회, 즉 노인들이 많아지는 사회를 뜻하는 용어랍니다. 유엔이 정한 바에 따라 65세 이상 노인 인구 비율이 전체 인구의 7퍼센트 이상을 차지하는 사회를 말해요. 다른 말로는 노령화 사회가 있어요.

고령화 사회가 가져올 가장 큰 문제점은 경제적으로 어려워진다는 것이에요. 일을 하는 젊은 사람이 많지 않고, 은퇴를 한 사람만 많으면 산업 생산성은 떨어질 수밖에 없어요. 그러다 보면 국가의 재정도 덩달아 어려워지게 돼요.

급속한 고령화 사회는 노인들에게도 문제를 안겨 준답니다. 국가가 빠

르게 변화하는 사회에 발을 맞추지 못하기 때문이에요. 선진국은 빈곤, 질병, 소외 문제에 비교적 빨리 대처할 수 있지만 그렇지 못한 나라가 더 많아요. 우리나라에도 사회와 가족으로부터 외면당하는 노인들이 많아지고 있어요. 노인들은 사회와 가족 내에서 역할이 없어지는 것에 대해 불안감을 가질 수밖에 없어요.

  2008년 7월, 대한민국의 65세 이상 노인 인구는 501만 6,000명으로 전체 인구의 10.3%에 이르렀어요. 이 통계에 따르면 2026년에는 노인 인구가 전체 인구의 20%에 이를 것이라고 해요. 이는 고령화 사회를 넘어 초고령 사회로 접어드는 것이에요.

  대체적으로 선진국 사람들의 평균 수명이 길기 때문에 고령화 사회는 평화롭고 안정된 사회를 상징하기도 해요. 그리고 많은 사람들이 오래 사는 것을 소망하기도 하지요. 그렇기 때문에 각 나라는 고령화 사회에 맞서 사회 경제적으로 대책을 마련해야 한답니다.

인구 절벽

인구 절벽이란 일을 할 수 있는 생산 가능 인구(15세~64세)의 비율이 급속도로 줄어드는 현상입니다. 미국의 경제학자 해리 덴트가 《2018 인구 절벽이 온다 (The Demographic Cliff)》라는 책에서 제시한 개념이지요. 인구 절벽 현상이 발생하면 생산과 소비가 주는 경제 활동이 줄어들고, 심각한 경제 위기가 발생할 수 있다고 해요. 통계에 따르면 한국은 2016년에 생산 가능 인구가 3,704만 명으로 정점을 찍은 후 급속히 감소할 것이라고 합니다.

제3의 물결

우리의 삶을 바꾼 정보화 사회, 그 다음은?

"정보 통신 기술이 발달된 현대의 정보화 사회."

제3의 물결은 미국의 문명 평론가인 앨빈 토플러가 그의 저서 《제3의 물결》에서 사용한 용어예요. 그는 어떤 의미에서 제3의 물결이란 용어를 쓰게 되었을까요?

1980년도 발간된 앨빈 토플러의 책에는 제1의 물결, 제2의 물결, 제3의 물결이 언급되어 있어요.

제1의 물결은 농업 혁명이라고 정의했어요. 인류는 농사할 땅을 정하고, 그 주변에 집을 짓고 군락을 만들기 시작하면서 자연스럽게 대표자를 뽑았어요. 이는 정치 생활의 시작이었고 문명의 시발점이었어요. 앨빈 토플러는 이것이 인류에게 닥친 첫 번째 물결이라고 했어요.

시간이 흘러, 인류는 산업 혁명을 일으켰어요. 삶의 편리성과 안전을 위해 기계를 발명하고 대량 생산 시스템을 구축했어요. 그리고 라디오, 텔레비전 등을 통해 모두가 같은 것을 소비하는 대중문화를 창조했지요.

앨빈 토플러는 이것을 두 번째 물결, 즉 제2의 물결이라고 했어요.

마지막으로 인류에게는 제3의 물결이 들이닥쳤어요. 컴퓨터로 인해 고도로 발달된 과학 기술이 혁명처럼 일어났어요. 제3의 물결은 첫 번째, 두 번째 물결보다 훨씬 빠른 속도로 인류의 생활을 덮쳤어요.

앨빈 토플러는 제3의 물결이 우리의 새로운 행동 규범을 세우고 제2의 물결 사회의 특징인 규격화, 동시화, 중앙 집권화라는 산업 사회의 제약을 뛰어넘어 에너지, 부, 권력의 집중화를 초월하는 길을 열어 줄 것이라고 정의했어요.

많은 사람들이 인류의 급격한 변화를 걱정하며 불행한 미래를 점치기도 해요. 하지만 앨빈 토플러는 비관하지 않았어요. 인류가 제3의 물결에 맞게 새로운 체계를 구축하고 정신을 더욱 똑바로 차린다면 그 어느 때보다도 훌륭한 사회를 구축할 수 있다고 예언했어요.

앨빈 토플러는 우주 혁명이 될 제4의 물결도 언급했어요. 그는 제4의 물결을 주도할 분야는 생명 공학이 될 것으로 전망하면서 새로운 세상이 펼쳐질 것이라고 말했어요. 인류에게 제4의 물결이 들이친다면 어떨지 상상이 되나요? 여러분이 그 중심에 서 있을지도 모른답니다.

+더하기+

제4차 산업 혁명

영국에서 시작된 증기 기관과 기계화로 대표되는 제1차 산업 혁명, 전기를 이용한 대량 생산이 본격화된 제2차 산업 혁명, 컴퓨터 정보화 및 자동 생산 시스템이 주도한 제3차 산업 혁명에 이어 인간의 지적 노동이 디지털과 인공 지능(AI)으로 대체되는 강력한 변화를 가져오는 혁명을 말합니다.

매니페스토

약속을 잘 지키는 후보에게 소중한 한 표를

반에서 반장을 뽑거나 학교에서 전교 회장을 뽑을 때 가장 먼저 무슨 일을 하나요? 반장 후보에 오른 학생은 자신이 앞으로 반을 위해 할 '공약'을 내걸어요.

"제가 반장이 된다면 청소 당번을 따로 정해 가장 깨끗한 반으로 만들겠습니다."

'공약'은 이처럼 후보가 대중을 상대로 앞으로 지킬 약속에 대해 말하는 것이에요. 대중은 이 공약을 보고 어떤 친구가 반장이 되기 적합한지 정합니다.

하지만 일부 후보는 반장이나 학교 회장, 더 나아가 정치인이 되기 위해 지킬 수 없는 공약을 내걸기도 해요.

"제가 학교 회장이 된다면 모든 시험을 없애겠습니다."

과연 이 공약은 실현 가능한 것일까요? 시험이란 학교에서 학생들을 평가하는 중요한 방법이라 없앨 수 없을 텐데 말이지요. 그래서 올바른

정치를 위해서는 수많은 공약들을 실제로 검증해 볼 필요가 있어요. '매니페스토'는 그래서 등장한 운동이에요.

매니페스토란 정치인이 과거에 한 일들을 대중에게 알리고 자신이 내세운 공약을 얼마나 해낼 수 있는지 밝히는 선언이랍니다. 다시 말해서 예전에 어떤 과정을 거치면서, 어떠한 깨달음을 얻었고, 앞으로 어떻게 하겠다는 것인지 공개적으로 밝히는 것이지요.

이는 1830년 영국의 지역 선거에서 로버트 필이란 후보가 '탐워스 선언'이라고 해서 자신의 정책들을 공개 발표했던 것에서 유래했어요.

우리나라의 경우, 매니페스토 운동은 2006년 지방 선거 당시 '한국 매니페스토 실천 본부'라는 시민 단체의 주도로 처음 실시되었어요. 그리고 2007년 1월부터 선거법에 적용하기 시작했어요.

매니페스토는 거짓말하지 않고 정정당당하게 정책으로 승부를 겨루자는 공개적인 약속이에요. 유권자들이 후보의 과거, 현재, 미래를 보고 그들이 공약을 지킬 수 있는 사람인지 아닌지를 판단해요. 이를 통해 대한민국의 정치 수준도 높일 수 있답니다.

+ 더하기

주민 소환제

주민 소환제는 주민들이 지방 자치 체제의 행정이나 결정에 심각한 문제점이 있다고 판단할 경우, 단체장을 불러 통제할 수 있는 제도입니다. 일정한 절차를 거쳐 해당 지역의 단체장이나 지방 의회 의원을 불러 문제 사안에 대한 설명을 들은 뒤, 투표를 통해 단체장을 제재할 수 있어요. 한국에서는 2006년 5월 24일 '주민 소환에 관한 법률'이 제정되어 2007년 7월부터 시행되었으며, 이 법에 따라 지방 자치 단체장과 투표로 선출된 지방 의회 의원을 소환할 수 있어요.

워터게이트 사건

부정한 방법으로 대통령이 된 닉슨의 몰락

1972년 6월의 일이에요. 미국 워싱턴에 있는 워터게이트 빌딩의 한 사무실에 5명의 남자가 침입했어요. 민주당 전국 위원회 사무실에 침입한 그들은 단순한 도둑이 아니었어요. 가지고 있는 물건이 무기나 금고 털이 도구가 아니라 도청* 장비였기 때문이에요. 이로 인해 닉슨 대통령은 생각하지도 못한 일을 당하게 되었어요. 이를 '워터게이트 사건'이라고 불러요.

미국 대통령 선거를 앞둔 시점이었기 때문에 언론은 예민하게 반응했어요. 게다가 재선을 노리는 닉슨 대통령의 지지율이 높았기 때문에 사람들은 '도청 장치와 우리는 아무 상관이 없다'는 백악관의 말을 믿는 분위기였어요. 그리하여 1972년 11월, 닉슨은 민주당의 후보를 누르고 재선에 성공했어요. 그렇게 워터게이트 사건은 잠잠해지는 것 같았어요.

그러나 닉슨이 다시 대통령이 된 후부터 큰 문제가 일어나기 시작했

*남의 이야기, 회의의 내용, 전화 통화 따위를 몰래 엿듣거나 녹음하는 일.

**죄를 용서하여 형벌을 면제함.

요. 미국의 유력 신문사들은 경쟁적으로 워터게이트 기사를 내보냈어요. 닉슨이 재선에 성공하기 위해 민주당에 대한 정보를 얼마나 수집하고 다녔는지, 사람들을 매수하기 위해 어떠한 정치 공작을 펼쳤는지 상세히 쓰여 있었어요. 일이 이렇게 되자 사법부 쪽에서도 닉슨을 몰아붙였어요. 결국 국회 청문회가 열렸어요.

1974년 8월, 백악관에서의 대화 내용이 기록된 테이프가 공개되자 닉슨은 고개를 숙일 수밖에 없었어요. 워터게이트 사건이 닉슨의 지시 아래 행해졌다는 사실이 명백히 드러났기 때문이에요. 닉슨은 결국 미국 역사상 최초로 재임 기간 중 대통령직에서 물러난 사람이 되었어요.

리처드 밀허스 닉슨(1913년~1994년)은 미국 37대 대통령으로, 워터게이트 사건으로 미국 사회를 발칵 뒤집은 장본인이기도 합니다.

닉슨이 대통령에서 물러난 후 워터게이트 사건을 벌인 그에게 형사 책임을 물을 것인가 말 것인가를 두고 논란이 일어났어요. 하지만 닉슨의 후임자인 제럴드 포드는 닉슨이 재임 기간 중 저지른 모든 죄에 대해 묻지 않기로 하고 사면**시키면서 사건은 마무리되었어요.

워터게이트 사건 이후 그저 '문'이라는 평범한 의미를 갖고 있던 '게이트'는 정부나 기타 정치 권력과 관련된 대형 비리 의혹 사건 또는 스캔들을 뜻하게 되었습니다.

역사 속 알아야 할 어휘

신문고

뜻은 좋으나 백성들에게는 그림의 떡

"억울한 자여, 북을 울려라!"

조선 시대 태종 때의 일이에요. 대궐 밖에 북이 설치되어 있었는데 이는 백성을 위해 설치된 고발 기구인 '신문고'였어요.

조선 초기에는 억울한 일이 있으면 글로 써서 고발하는 것이 법으로 보장되어 있었어요. 하지만 백성 중에는 글을 쓰고 읽지 못하는 사람이 많았기 때문에 상소문을 올리는 일은 쉽지 않았어요. 그래서 백성 누구나 억울한 일을 말할 수 있도록 북을 울리게 한 것이었지요.

하지만 실제로 이 신문고를 이용하는 백성들은 거의 없었어요. 북을 쳐서 신고할 수 있는 사건에 제한이 있었기 때문이에요. 나랏일, 목숨과 관련된 범죄, 누명을 썼을 경우에만 칠 수 있게 했어요. 자신의 상관이나 주인을 고발하거나 다른 사람에게 북을 치도록 시키는 자는 큰 벌을 받았지

요. 윗사람을 고발할 수 없었기 때문에 일반 상민이나 노비는 신문고 근처에도 갈 수 없었답니다.

그럼에도 불구하고 사소한 사건을 신고하는 사람들이 많아지자 신문고 사용을 더욱 엄격하게 제한했어요. 그러자 주로 서울 관리들만 사용하게 되었고 백성의 억울한 사연을 듣겠다는 신문고의 취지가 퇴색되어 버리고 말았어요.

결국 연산군 때 신문고 제도는 폐지되었어요. 하지만 영조 때에 이르러 신문고 제도가 부활했고 백성들은 다시 한 번 억울함을 호소할 기회를 가지게 되었답니다.

+더하기+

상소 제도

상소문은 과거 신하가 왕에게 글로 자신의 뜻을 전하는 일종의 언론 행위예요. 상소에는 서울에 있는 성균관 유생이 올리는 관소와 지방 향교나 서원, 각 행정 단위에 거주하는 유생들이 올리는 유소가 있어요. 이들은 때로 힘을 합하여 연합소를 올리기도 했지요. 유생들이 올린 상소는 승정원을 거쳐 왕에게 전달되었고, 특히 성균관 유생이 올린 상소에는 국왕이 직접 답변을 했다고 해요.

탕평책

공평한 인재 등용으로 이뤄 낸 정치적 안정

조선 제21대 왕 영조에게 고민이 있었어요.

"신하들이 붕당을 나누니 조정에 도무지 쓸 만한 사람이 없구나!"

붕당이란 정치가들이 서로 편을 갈라 무리를 이루는 것을 뜻해요. 하지만 붕당이 무조건 나쁜 것만은 아니에요. 처음에는 색이 다른 두 무리가 서로 잘못된 점은 보완하고 좋은 점은 배우며 나라를 강하게 만들려고 했어요. 하지만 시간이 지날수록 상대 당에 대한 올바른 비판은 사라지고 서로를 욕하고 끌어내리려고 하면서부터 붕당 간의 정치적 싸움이 치열해지기 시작했어요.

영조는 신하들끼리 편을 갈라 이익을 좇는 것을 두고 볼 수 없었어요. 그래서 소론과 반대편인 노론이 사이좋게 정치에 참여할 수 있는 방법이 무엇일까 고민했어요. 그렇게 해서 나온 정책이 바로 탕평책이에요.

'탕평'은 중국의 한 책에서 유래한 것으로 '한쪽으로 치우치거나 무리

지음이 없으면 왕도가 편하다'라는 의미예요. 영조는 탕평책을 시행해 붕당에 치우치지 않고 유능한 인재를 등용하겠다고 다짐했어요.

영조는 노론과 소론의 대표를 불러 화해할 것을 권유하고 탕평책에 불만을 제기하는 신하들을 쫓아냈어요. 신하를 중요한 자리에 임명할 때는 꼭 노론과 소론을 골고루 배치했어요. 강력한 왕권을 확립했던 영조는 탕평책으로 여러 개혁을 이뤄 낼 수 있었지요. 백성들이 부당한 일을 고하기 위해 북을 두드렸던 신문고 제도를 부활시켰고, 각종 역사서의 편찬 사업이 활발히 일어났어요. 영조는 심지어 음식에까지 탕평이란 이름을 붙였어요.

"청포묵에 여러 가지 채소들이 골고루 곁들여져 있는 모습이 참으로 조화롭구나. 이는 내가 추구하는 정치와 닮았다. 앞으로 이 음식을 탕평채라고 부르라!"

영조의 탕평책은 빛을 보았지만 붕당이 완벽히 사라진 것은 아니었어요. 정치가들의 편 가르기는 조선에 깊게 뿌리를 내리고 있었기 때문이에요. 겉으로는 탕평의 원리에 의해 노론과 소론이 함께하는 듯했지만 속으로는 소론에 의해 여러 가지 문제가 일어나곤 했어요. 그로 인해 시간이 갈수록 소론의 힘이 약해졌고 결국엔 노론이 승승장구하게 되었지요.

탕평책의 실시는 당시의 사회적, 정치적 동요를 안정시키는 데 성과를 거두었으나 붕당을 완전히 없애지 못했다는 아쉬움을 남겼어요.

스파르타

영원한 강자는 없다? 폐쇄된 사회의 종말

우리는 강도 높은 훈련을 할 때 '스파르타식 교육'이라고 해요. 고대 그리스 도시 중 하나였던 스파르타는 폐쇄적 사회 체제, 엄격한 군사 교육, 강력한 군대로 유명했기 때문에 지금도 교육 방식 중 하나로 자리매김하고 있지요.

스파르타는 사회의 모든 부분이 군사화되어 있었을 뿐만 아니라 정치나 외교, 군사상의 중요한 결정이 소수의 지배자들에 의해 이루어졌어요.

스파르타에는 크게 세 계층이 있었어요. 첫 번째 계층은 스파르타인인 호모이오이, 두 번째는 '변두리에 사는 사람들'이라는 뜻의 페리오이코이, 세 번째는 국민의 대부분을 차지했던 헤일로타이였어요. 스파르타는 호모이오이에 의해 지배되었으며 최하층인 헤일로타이는 국가의 감독을 받았어요.

산지가 많은 그리스의 다른 지역과 달리 스파르타는 비옥한 평야를 끼

고 있어 자급자족할 수 있었어요. 그러다 보니 스파르타는 자연스럽게 폐쇄적인 사회 체제가 형성되었으며, 기원전 4세기 말까지는 다른 폴리스와 달리 성벽도 쌓지 않았어요. 페르시아 전쟁에서 그리스 동맹군을 지휘해 승리로 이끈 스파르타는 맹주국으로서의 위상을 공고히 했어요.

하지만 스파르타의 위상도 영원하지는 않았어요. 코린토스 전쟁에서 그리스의 도시 국가들과 대립하다가 패해 힘을 잃기 시작한 스파르타는 헤일로타이의 반란으로 급격하게 쇠퇴하다가 결국에는 로마의 일부가 되었지요. 그러나 로마 지배 이후에도 스파르타는 상당 기간 전통적 관습을 유지했어요.

자녀 교육에 신경을 많이 쓰는 우리나라는 스파르타를 교육에 빗대지만 외국에서는 단순성, 검소함을 뜻할 때 '스파르타식'이라고 해요. 한 나라에 대해 말하면서도 다양하게 해석하는 게 재밌지 않나요?

아테네식 교육

아테네는 개방적이고 자유주의적인 문화가 발전한 그리스 대표 도시로, 교육을 통해 건전한 자유 시민을 양성하고 개인의 개성을 존중하고자 했어요. 인문, 자유 교육을 통해 소크라테스, 플라톤 등의 위대한 학자들을 배출하기도 했지요. 하지만 남성과 다름없이 동등한 교육을 받았던 스파르타와 달리 아테네에서 여성은 노예, 외국인인과 더불어 교육 대상에서 제외되었답니다.

노아의 방주

하느님의 심판과 새로운 세상의 시작

성경 속에는 수많은 이야기가 담겨 있어요. 그 가운데 가장 유명한 이야기 중 하나는 바로 '노아의 방주'예요.

인간을 창조한 하느님은 그들이 사는 모습을 보고 몹시 화가 났어요. 인간들이 자연과 더불어 착하게 살길 바랐는데 가진 것보다 더 욕심내고 자신들의 영역을 넓히기 위해 서로 싸웠기 때문이에요. 더 이상 참을 수 없었던 하느님은 인간들을 혼내 주기로 마음먹었어요.

"물로 인간 세상을 정화시키겠노라!"

하느님은 태초의 인간인 아담의 9대손이자 히브리의 의로운 족장인 노아를 유일한 생존자로 정했어요. 선택받은 인간 노아는 하느님의 계시를 받고 120년에 걸쳐 커다란 배를 만들었지요. 그 배는 길이 300큐빗, 넓이 50큐빗, 높이 30큐빗에 달했다고 해요. '큐빗'은 고대 이집트에서 썼던 길이 단위인데, 1큐빗은 약 45~46센티미터 정도의 길이를 뜻하니 노아

의 방주가 얼마나 거대했을지 짐작할 수 있어요.

  3층짜리 배를 만든 노아는 자신의 가족과 함께 모든 생물의 암컷과 수컷 한 쌍을 배에 실었어요. 노아는 하느님의 벌이 얼마나 지속될지 알 수 없었기 때문에 오랜 시간 버티기 위해 안정감을 주는 사각형 모양으로 배를 만들었어요.

  그러던 어느 날, 비가 내리기 시작했어요. 욕심을 내고 싸웠던 많은 사람들은 물에 떠내려갔고 온갖 동물들과 노아의 가족을 실은 배는 하염없이 물 위를 떠다녔어요.

  150일이 지나고 노아는 육지를 찾기 위해 비둘기를 날려 보냈어요. 잠시 후 비둘기는 올리브 잎을 물고 배로 돌아왔어요. 드디어 육지를 발견한 것이었지요. 이런 이유로 비둘기는 지금도 평화의 상징으로 여겨지고 있어요. 육지를 발견한 노아는 동물들을 풀어 주고 가족들과 새로운 세상을 만들었어요.

> 〈바벨탑〉, 피터르 브뤼헐(1563)
>
> 구약 성경에 나오는 탑으로, 바벨에 사는 노아의 후손들이 대홍수 이후 하늘에 닿는 탑을 쌓기 시작했지만 하느님이 노하여 그들 사이에 방언을 쓰게 하니, 서로 말이 통하지 않아 탑을 완성하지 못했다고 해요. 바벨은 '신의 문'을 뜻하는 '바빌론'이라는 말에서 왔다고도 하고, '혼란시키다'라는 뜻에서 왔다고도 해요.

  그렇다면 노아의 방주는 실제로 존재했을까요? 일각에서는 그 많은 생물들이 150일 동안 먹을 식량을 어떻게 배에 보관할 수 있었겠냐고 이야기하며 여러 가지 의문점을 제시하고 있어요. 하지만 노아의 방주는 존재 여부가 중요한 이야기는 아니에요. 욕심을 부리고 사는 인간에 대해 교훈을 준다는 것으로도 충분히 가치가 있어요.

엘도라도

아메리카 원주민들의 비극이 된 황금 전설

엘도라도는 '금가루를 칠한 인간'을 뜻하는 스페인어예요. 이 단어는 '황금이 있는 곳', '황금의 나라'라는 의미로 사용되었어요.

전설에 따르면 현재 콜롬비아의 수도인 보고타의 고원 지대에 '엘도라도'라고 불리는 호수가 있었다고 해요. 이곳에 살던 부족은 매년 신에게 제사를 지냈어요.

제사 때마다 추장은 몸에 금가루를 칠한 다음 에메랄드를 비롯한 각종 보석들을 배에 잔뜩 싣고 호수 중앙으로 나가 종교 의식을 치렀어요. 그리고 함께 배에 올라탄 신관이 보석을 호수에 던지면 추장도 호수에 뛰어들었어요. 그리고 곧 물에 떠오른 추장이 잠시 그대로 있으면 몸에 발랐던 금가루는 호수 바닥으로 가라앉았어요. 이후 오랜 세월을 치러 온 의식으로 호수 바닥에는 황금이 산더미처럼 쌓였다는 이야기가 돌았지요.

16세기, 페루와 멕시코를 정복한 스페인 사람들은 이 신비한 전설에 사로잡혔어요. 결국 이 전설은 엘도라도를 '황금의 땅'이라 오해하게 만들었어요. 황금에 눈이 먼 탐험가들은 엘도라도를 찾기 위해 남아메리카로 건너왔지요.

1559년에는 페드로 데 우르수아가 탐험대를 이끌고 엘도라도를 찾아 나섰다가 부하였던 아기레에게 죽음을 당하기도 했고, 1595년과 1616년에는 영국의 월터 롤리가 탐험에 나섰지만 아무런 소득 없이 탐험을 끝내기도 했어요.

황금의 나라는 환상일 뿐이었다는 것이 밝혀졌지만 욕심에 물든 사람들의 발길은 끊이지 않았어요. 현재의 아이티와 도미니카 공화국이 있는 에스파뇰 섬의 강에서 채취하는 소량의 사금들이 신대륙에서 획득할 수 있는 유일한 귀금속이었어요. 그러나 이마저도 1530년에 모두 고갈되고 말았어요.

결국 땅을 잃은 원주민들은 노예가 되어 살 수밖에 없었어요. 그들은 강제 노동 제도 아래에서 일생 동안 광산에 묶여 일을 해야 했어요. 그들은 제대로 먹지도, 입지도 못했지요. 원주민들은 황금을 꿈꾸는 사람들의 욕심을 충족시키기 위해 굶주리고 고통받으며 사라져 갔답니다.

암행어사

마패를 소지한 임금님의 특급 비밀 요원

"암행어사 출두요!"

허름한 옷차림의 사내가 옷을 벗어던지며 동그란 패를 내밀어요. 그럼 백성들을 괴롭히던 사또는 이 사내 앞에서 꼼짝을 못 하지요. 관원들은 사또를 끌고 가 혼을 내 준답니다. 조선 이곳저곳에서 비리를 저지르는 신하들을 꼼짝 못 하게 만든 이 사내는 누구일까요?

조선 시대에는 임금의 명령으로 지방에 비밀리에 파견돼 사람들을 조사하는 관리가 있었어요. 그들은 '암행어사'라고 불렸어요.

지방의 관리들은 직위를 이용해 백성을 괴롭히는 일이 많았어요. 하지만 수도인 한양과는 거리가 멀어 왕이 이 소식을 모두 전해 들을 수 없었어요. 왕은 전국의 백성들을 돌봐야 하는 의무가 있었기 때문에 지방을 제대로 관리하기 위한 대책으로 암행어사를 이용하고자 했어요.

왕은 신하 중 가장 높은 영의정, 좌의정, 우의정에게 어사의 후보로 적

합한 자를 추천하게 했어요. 그들이 추천을 하면 왕은 전국 지방의 이름을 기입한 나뭇가지가 들어 있는 대나무 통에서 비밀리에 관찰할 지방을 뽑아 그곳으로 사람을 보냈지요.

> 암행어사가 가지고 다니던 마패.

뽑힌 암행어사는 봉서라는 비밀 서류를 건네받았어요. 그 안에는 목적지와 임무가 쓰여 있었는데 암행어사로 발탁된 사람은 서류를 받으면 즉시 목적지로 가야 했어요. 누군가에게 행적을 들킬 수도 있기 때문이지요. 그리고 자신이 누구인지, 어디로 가는지 절대 밝히지 않았어요.

암행어사는 비밀 서류와 함께 마패를 하사받았어요. 한양에서 출발했기 때문에 먼 길을 가려면 말을 타야 했지요. 마패는 암행어사가 말을 사용할 권한이 있다는 것을 증명하는 물건으로 직책과 신분에 따라 한 마리가 그려진 것도 있고 다섯 마리가 그려진 것도 있었어요.

암행어사의 마패에는 주로 두 마리의 말이 그려져 있었어요. 마패는 말 사용 증패인 동시에 암행어사의 권력을 상징했기 때문에 지방의 관리들은 이 마패만 보고도 벌벌 떨었습니다.

비리를 저지르는 관리를 혼내 주던 왕의 비밀 요원, 암행어사! 조선 시대에는 허름한 옷을 입었다고 함부로 대할 수 없었겠죠? 혹시나 신분을 숨기고 있던 암행어사라면 혼쭐이 날 테니까요.

르네상스

'중세의 극복' 이탈리아에서 부활한 휴머니즘

르네상스는 학문 또는 예술의 재생, 부활을 뜻하는 말로 15~16세기에 이탈리아를 중심으로 서유럽 전체에 걸쳐 일어난 문화 운동이에요.

이탈리아는 옛날 로마 제국이 있던 곳으로 지중해 한가운데 있는 각 도시들은 무역을 통해 부유해졌어요. 피렌체, 베네치아, 밀라노 등의 도시는 정부의 허락 없이 도시를 직접 관리할 수 있는 자치권을 돈으로 사들였어요. 그 결과 정부와 가톨릭을 대표하는 교황의 감시에서 벗어날 수 있었어요.

당시 서유럽은 엄격한 가톨릭 규칙하에 있었어요. 신을 숭배해야 하기 때문에 인간의 아름다움이나 이성적인 과학 문명을 논할 수 없었어요.

하지만 자치권을 가진 도시의 사람들은 달랐어요. 그들은 딱딱한 중세 문화에서 벗어나고자 했어요. 그래서 눈을 돌린 쪽이 바로 고대 그리스와 로마 문화였어요. 여기서 르네상스, 즉 '부활'의 의미는 단순히 고대 학

문과 예술을 답습하는 것이 아니라 인간성의 부활, 인간 중심 사회의 새로운 탄생을 의미했어요. 한마디로 르네상스는 신이 아닌 인간이 역사의 중심에 서게 된 획기적인 사건이었어요.

　이탈리아에서부터 시작된 르네상스 운동은 멀리 퍼져 나갔어요. 철학, 문학, 미술, 건축에도 새바람이 불었어요.

　미술의 경우 레오나르도 다 빈치, 미켈란젤로, 라파엘로 등이 르네상스에 꽃을 피웠어요. 조각가 도나텔로와 피렌체의 두오모 성당을 설계한 건축가 브루넬레스키도 르네상스의 황금시대를 함께했어요.

르네상스 건축은 밝고 화사하며 특히 벽면 장식이 발달했어요. 이 시기에 광장이나 궁전 들이 많이 생겨났습니다.

　이탈리아 최고의 시인으로 꼽히는 단테를 시작으로 인문주의의 선구자인 페트라르카, 《데카메론》을 쓴 보카치오 등 이탈리아의 문학가들은 그리스, 로마의 고전 문화에서 휴머니즘을 발견해 다시 인간 본연의 개성과 자유를 존중해야 한다고 주장했어요.

　이러한 휴머니즘 사상은 독일과 네덜란드, 영국 및 프랑스로 전파되어 발전했어요. 18세기에는 몽테스키외, 루소, 괴테, 19세기에는 니체, 톨스

토이 등 많은 철학자와 문학가들에 의해 이어졌어요.

　오늘날 휴머니즘은 국가나 종교, 인종을 초월해 모든 사람을 인간 자체로 존중하는 태도로 거듭나 현대 사회를 살아가는 소중한 정신으로 자리 잡고 있답니다.

+더하기+

매너리즘

매너리즘은 1520년대 르네상스 후기에서 시작해서 1600년대 바로크가 시작하기 전까지 지속된 유럽의 예술사조입니다. 지적이면서 인공적인, 즉 자연적인 것과 반대되는 형식이 특징이지요. 16세기 화가이며 미술사가인 바자리가 〈미술가 열전〉에서 사용하였던 매너리즘이란 명칭은 이탈리아어로 '양식', '기법'을 뜻하는 디 마니에라(di maniera)란 단어에서 유래한 것으로, 그림은 일정한 규범과 양식에 따라 그려야 한다는 것을 전제로 하였어요. 당대에는 긍정적 의미로 쓰였던 매너리즘은 차차 16세기 후반 이후 일련의 미술 경향을 부정적으로 지칭하는 용어로 쓰였어요. 미켈란젤로 이후의 화가들이 르네상스 양식만을 모방한 결과, 르네상스의 균형과 이상미가 사라지고 왜곡과 과장이 형식화되어 결국 부정적인 의미로 쓰이고 있어요. 지금은 '버릇처럼 되풀이되어 독창성과 흥미를 잃은 상태'를 뜻하기도 한답니다.

아우슈비츠

"생각 없음은 유죄!"
잊지 말아야 할 비극의 역사

1979년 유네스코는 폴란드 남부에 있는 작은 도시인 아우슈비츠를 세계 유산으로 지정했어요. 이곳에서 있었던 일을 기억하기 위해서였지요. 이 도시가 세계적으로 유명해진 이유는 이곳에 인간 도살장으로 불린 '아우슈비츠' 수용소가 있었기 때문이에요.

오스트리아의 작은 마을에서 태어난 아돌프 히틀러는 반유대주의*를 내걸고 독일 수상이 되어 전 세계를 전쟁의 암흑기에 빠뜨렸어요. 폴란드는 제2차 세계 대전 중 히틀러가 이끄는 독일군에게 점령당했어요.

그리고 1년 뒤인 1940년 6월, 아우슈비츠란 도시에 히틀러를 신봉하는 나치 친위대의 총사령관인 하인리히 힘믈러에 의해 아우슈비츠 수용소가 세워졌어요. 이 작은 마을에 수용소를 세운 이유는 수도와 떨어져 있고

*19세기 후반, 유대인을 인종적으로 열등하게 생각하고 악의 근원이라고 주장한 가설로, 독일과 오스트리아 등에서는 정치 운동의 한 요소가 되어 제2차 세계 대전의 원흉인 나치가 수백만의 유대인을 학살하는 이론적 근거가 되었습니다.

아우슈비츠 수용소 입구에는 '노동이 그대를 자유케 하리라(ARBEIT MACHT FREI)'라는 문구가 쓰여 있어요.

근처에 철도가 지나가서 수용자들을 효과적으로 옮길 수 있기 때문이었어요.

이곳은 목욕실이라고 불린 악명 높은 가스실을 비롯해서 시체 보관실, 시체 소각실까지 갖추고 있었어요. 나치 친위대는 이곳에 먼저 정치 사범들을 수용했어요. 이어 폴란드의 지식인, 예술인은 물론이고 아무것도 모르는 어린아이들까지 강제로 잡아 가두었지요. 수용된 사람 중 일부는 살아서 자유의 몸이 되었지만 많은 사람들이 인간으로서 최소한의 대접도

받지 못하고 강제 노동 중에 세상을 떠나거나 가스실에서 목숨을 잃었어요.

제2차 세계 대전이 끝나고 전쟁 범죄자를 벌하는 재판에서 유대인 학살의 책임자였던 아이히만은 자신을 '무죄'라고 주장했어요.

"나는 명령을 받아서 한 것뿐입니다."

아돌프 히틀러(1889년~1945년)는 독일 나치의 지도자이자 정치가로, 뛰어난 웅변술과 예술 감각의 소유자였으나 반유대주의를 통한 제2차 세계 대전의 주범으로 역사에 기록되었습니다.

유명한 철학자 한나 아렌트는 그 대답을 듣고 이렇게 말했어요.

"당신의 죄는 '생각 없음' 입니다."

아무리 윗사람의 명령이라 해도 감정과 이성을 가진 인간이기에 따라야 할 것과 따르지 말아야 할 것은 구분해야 한다는 것이었어요.

아우슈비츠 수용소는 1947년 7월 폴란드 의회가 박물관으로 영구 보존하기로 결정해 현재는 박물관과 전시관으로 꾸며져 있어요. 사람이 얼마나 잔인할 수 있는지를 보여 준 그 비참한 역사를 잊어서는 안 될 것입니다.

벽란도

코리아를 세계에 알린 국제 무역항

고려를 세운 태조 왕건은 해상 무역을 하던 호족 출신으로 고려를 세운 후에도 무역에 많은 관심을 가지고 있었어요. 그래서 수도인 개경 근처 예성강 하구에 국제적인 무역항인 '벽란도'를 두었지요.

고려는 이곳에서 중국의 송나라, 요나라, 금나라, 일본 등과 광범위하게 무역을 했어요. 수심이 깊고 배가 자유롭게 출입하기 좋은 하천에 항구를 두었기 때문에 멀리 떨어진 아라비아와도 교역을 할 수 있었어요.

벽란도는 무역의 요충지였을 뿐만 아니라 다양한 문화를 지닌 사람들이 오가는 정치와 교육의 장이기도 했어요. 또한 외교 사절이 벽란도를 이용해 고려로 들어왔기 때문에 외교의 길이기도 했어요.

고려는 금, 은, 구리와 같은 지하자원과 산삼, 잣, 모시, 종이 등을 수출했어요. 고려의 공예품은 세밀하기로 유명해 고려청자는 외국인들에게

큰 인기를 얻었어요.

수입하는 품목으로는 책, 비단 등이 있었어요. 고려의 귀족들은 무역으로 들어온 송나라의 비단으로 치장하는 것을 좋아했지요. 또한 아라비아에서 수은, 향신료를 수입해 문화적 다양성을 확보했어요.

국제 무역항의 명성답게 멀리 페르시아 상인들도 고려의 벽란도를 방문했어요. 그들은 주로 '벽란정'이라는 건물에서 머물렀어요.

외국의 상인들은 '고려'라는 발음이 너무 어려웠어요. 그래서 '코려'라고 발음하는 일이 많았지요. 하지만 '코려'도 발음이 쉽지 않아 곧 '코리아'라고 부르게 되었어요. 이때부터 서양에서 우리나라는 코리아로 알려지게 되었어요.

고려는 벽란도를 통한 국제적인 무역으로 여러 나라와 교류하면서 높은 수준의 문화를 이루었고 개방적인 사회 모습을 띠게 되었답니다.

더하기

Corea에서 Korea가 된 이유

원래 한국의 영문 국호는 COREA였으나, 1910년 일본 제국이 대한 제국의 주권을 강탈하면서 KOREA로 변경되었다는 설이 있어요. 변경된 이유는 일본(JAPAN)의 알파벳 순서보다 한국(COREA)이 앞서 있으므로, 한국을 폄하하려는 일본의 의도 때문이었지요. 이 문제는 이후 단순한 온라인상의 담론에 그치지 않고 학계 및 일부 정치인들까지 거론하게 되었고, 일부에서는 COREA를 의식적으로 사용하기도 한답니다.

메이플라워 협약

공존을 위한 약속, 미국 헌법의 토대가 되다

1620년, 네덜란드에서 미국으로 향하는 메이플라워호에 탑승한 102명의 사람들은 협약을 맺었어요. 훗날 이를 일컬어 '메이플라워 협약'이라고 불러요. 그날, 배 위에서는 어떤 일이 벌어졌던 걸까요?

종교적인 이유로 박해를 받던 청교도인 35명은 런던에서 온 메이플라워호에 올랐어요. 배에는 이미 종교가 없는 사람들이 타고 있었어요. 그 배는 신대륙으로 향했지요. 배가 항해하는 동안 사람들은 존 카버라는 사람을 메이플라워호의 대표로 뽑았어요. 오랜 시간 항해를 해야 할 텐데 사람들을 이끌 지도자가 없으면 의견 차이 때문에 분쟁이 일어날지도 모른다고 생각했기 때문이었어요.

두 달간 항해를 한 메이플라워호는 미국 보스턴 남동쪽에 도착했어요. 원래 배에 타고 있던 종교가 없는 사람들은 이 땅을 마음에 들지 않았지만 오랜 시간 배에서 지냈기 때문에 지쳐 있었고 바야흐로 계절도 겨울에

가까워 오고 있었어요. 그래서 결국 모두 내리기로 합의를 봤지요. 배에서 내리기에 앞서 청교도인들은 걱정이 되었어요.

"분명 이곳에 살기 시작하면 서로 싸우는 일이 생길 거야."

청교도인들은 배에서 내리기 전에 살면서 지켜야 할 약속을 만들자고 제안했어요. 이는 신대륙에 나타난 최초의 헌법이라고 할 수 있어요.

모든 법을 정하는 일이 그러하듯, 이 협약에도 다수의 동의가 필요했어요. 당시 그들에게 가장 필요했던 것은 서로를 믿는 마음이었어요. 단결되지 않으면 새 땅을 일굴 수 없었기 때문이지요. 그들은 머리를 맞대며 열심히 살기로 약속했고 메이플라워 협약에 모두 동의했어요.

무게 180톤, 길이 27.5미터, 돛 3개가 달린 메이플라워호입니다.

그렇게 해서 탄생한 이 청교도적 사회 계약, 즉 메이플라워 협약은 플리머스 식민지의 기본법이 되었고, 1691년 이 지역이 매사추세츠 식민지로 통합될 때까지 지속되었어요. 이는 미국 헌법의 토대가 되었고, 후에 정치 사상에도 큰 영향을 끼쳤답니다.

용비어천가

훈민정음으로 쓴 최초의 작품

우리에게는 우리말을 정확하게 표기할 수 있는 문자가 있어요. 바로 '한글'이지요. '한글'이라는 이름은 1910년대 초 학자들에 의해 쓰이기 시작했어요. 한글 이전에 우리나라 언어를 뜻하는 용어는 '훈민정음'이었습니다.

훈민정음은 세계에서 유일하게 만든 사람과 반포된 날, 창제 원리까지 알고 있는 문자예요. 이렇게 자랑스러운 훈민정음으로 쓰인 최초의 작품은 무엇일까요?

"용이 날아올라 하늘을 다스리는 노래."

용비어천가는 1445년 4월에 편찬되어 1447년 5월에 간행된, 훈민정음으로 쓰인 최초의 노래예요. 이는 세종대왕의 명령을 받은 정인지와 권제 등의 신하들이 만들었답니다.

용비어천가는 선조인 목조(태조 이성계의 고조할아버지)에서 태종에 이르는 여섯 대의 임금의 행적을 노래한 서사시로 조선의 왕실을 찬양하

고 있어요. 주 내용은 조선 왕조가 하늘의 도움으로 세워졌으며 왕들이 모두 성인처럼 훌륭하니, 영원히 나라에 충성을 다하라는 것이랍니다.

그렇다면 세종대왕은 훈민정음을 사용한 첫 노래에 왜 조선 건국에 대한 이야기를 담았을까요?

당시 신하들은 중국의 문자인 한문이 최고라고 생각했어요. 훈민정음이 창제된 이후에도 이 생각은 변하지 않았지요.

"훈민정음을 조선의 문자로 자리매김시키고 말겠다!"

총 10권으로 이루어진 용비어천가는 우리말 노래를 먼저 싣고 뒤에는 한문으로 번역한 글을 실었습니다.

세종대왕은 용비어천가를 통해 훈민정음이란 문자의 권위를 높이고자 했어요. 이 같은 이유로 용비어천가에는 조선 건국 이야기가 담겨 있는 거랍니다.

세종대왕의 뜻대로 용비어천가는 조선 전역으로 퍼져 나갔어요. 노래로 문자를 익힌 백성과 신하들은 훈민정음을 더욱 쉽게 이해했어요. 그리고 가사를 외우며 나라에 충성해야겠다는 마음을 키웠습니다.

용비어천가는 한글의 최초 모습을 볼 수 있다는 점에서 의의가 크며, 주석에 언급되는 고유 명사와 관직명 등은 국어사를 연구하는 데 소중한 자료가 되고 있습니다.

프랑스 혁명

절대 왕정 무너뜨린
자유 · 평등 · 박애

프랑스 혁명은 1789년부터 1799년까지 프랑스에서 일어난 세 차례의 시민 혁명을 이르는 말이에요. 그중 1789년 7월에 루이 16세를 처형한 사건이 가장 잘 알려져 있어요.

17세기 프랑스에는 성직자, 귀족, 평민 세 가지 신분이 존재했어요. 제1신분인 성직자와 제2신분인 귀족들은 많은 땅을 가지고 있으면서도 세금을 한 푼도 내지 않았지만, 인구의 대부분을 차지하는 제3신분인 평민은 무거운 세금을 부담하면서도 정치에 참여할 수 없었어요. 세금을 내면서도 권리를 주장할 수 없는 국민이었지요.

평민들의 불만이 쌓여가고 있을 때, 미국과 영국 간의 독립 전쟁이 일어났어요. 프랑스는 이 전투에서 미국이 이긴다면 영국이 큰 손해를 보게 될 것이라고 생각했어요. 영국과 오랜 기간 경쟁 관계였던 프랑스는 미국의 독립을 지지하며 전쟁에 필요한 물자들을 지원해 주었지요. 물론 제3

신분인 평민들이 낸 세금으로 말이에요.

　세금이 과중될수록 평민들은 화를 참을 수 없었어요. 그들은 미국이 영국에게서 독립하는 과정을 지켜보며 자극을 받았어요. 잘못된 제도를 바로잡고 자유롭고 평등한 사회를 건설해야 한다고 생각했지요. 그렇게 프랑스 혁명이 시작되었어요.

　제3신분인 평민 계급은 힘을 합쳐 절대 권력을 누리던 왕과 귀족에 맞서 싸웠어요. 결국 제3신분은 승리를 거두었어요. 그들은 여기에 그치지 않고 평등한 시민 사회를 꿈꾸며 불합리한 제도를 고쳐 나갔어요.

　혁명의 구호로 내걸었던 자유, 평등, 박애의 이념은 이후에 다른 나라에까지 전파되어 새로운 사회로 변화하는 길을 열어 주었어요.

　프랑스 혁명은 왕의 말에 무조건 복종하는 절대 왕정 국가를 뒤엎고 국민이 주인이 되는 국가를 세우면서 현대 민주주의 사회의 시초가 되었어요. 그리고 모든 사람들은 평등하다는 천부 인권 사상을 주장하며 근대 기본권의 뿌리가 되었답니다.

〈프랑스의 마리 앙투아네트 왕비의 처형〉, 찰스 모네(1794)

십자군

원정은 실패했지만
동서 문화 교류 계기가 되다

　가슴과 어깨에 십자가 표시를 한 전투복을 입고 전장에 나선 기사들이 있었습니다.

　그들은 서유럽의 기독교도들로서 과거의 성지를 이슬람교로부터 찾아오기 위해 무장한 세력이에요. 성전을 수행하는 군대로 그 군사를 '십자군'이라고 불렀어요.

　11세기 말, 로마 교황은 과거에 이슬람에게 빼앗겼던 기독교 성지인 예루살렘을 찾아오겠다고 선언했어요. 종교적인 명분 아래 모이기는 했지만 그들은 예루살렘이라는 새로운 영토에서 얻을 수 있는 경제적 이익을 위해 하나로 뭉쳤어요.

　십자군은 여덟 번이나 전쟁을 일으켰어요. 하지만 그들은 뚜렷한 성과를 거두지 못했어요. 전쟁을 주장했던 교황의 영향력은 줄어들었고 실패할 때마다 권위가 떨어졌어요. 게다가 전쟁에 참여한 기사들까지 힘을 잃으면서 상대적으로 왕권이 강화되기 시작했어요. 쉽게 말해 십자군에 참

여한 교황 사람들과 귀족, 기사들이 쇠퇴했던 것이었지요. 결국 십자군은 예루살렘 탈환에 실패하고 뚜렷한 성과 없이 흐지부지 사라져 버렸어요.

그렇다면 십자군 전쟁은 의미 없는 싸움이었을까요?

여덟 번의 원정은 서유럽의 이슬람* 세계에 대한 도전이자 진출이었어요. 이는 문화적 교류로 이어졌어요. 지중해를 바탕으로 동방 무역이 발달해 북이탈리아의 도시들이 번영했으며, 수준 높은 이슬람 문화 및 비잔티움 문화와 접촉하면서 서유럽 세계는 문화적 자극을 받았어요. 동방이 서구 미술의 다방면에 깊은 영향을 미쳤으며, 서구 미술 또한 동방 세계에 많은 영감을 주었답니다.

*이슬람교는 무함마드를 예언자로 하며 '알라'를 단일 신으로 섬기는 종교입니다. 이슬람 세계는 이슬람 신앙을 실천하는 '무슬림'이 활동하는 지역을 말합니다. 전체 무슬림 인구는 약 13억~16억으로, 전 세계 인구의 5분의 1에 달합니다.

1099년의 1차 십자군 원정 (약 14~15세기 세바스티앙 마메롯 그림으로 추정).

손자병법

전술에 처세술까지 담긴 세계적 병법서

"지피지기 백전불태."

적을 알고 나를 알면 백 번을 싸워도 위태롭지 않다는 이 문장은 유명한 병서에 적혀 있어요. 이 병서는 사람을 대하는 방법까지 적혀 있어 처세술에 대한 책으로도 널리 알려져 있지요. 이 책의 제목은 바로 《손자병법》이에요.

전쟁에서는 강하고 능력이 출중한 쪽이 이기겠지만 경우에 따라서는 운과 우연에 의해 승패가 갈라지기도 해요. 특히 근세 이전의 전쟁은 더욱 그러했어요. 사람들은 이런 이유로 전쟁에서 이기기 위해서는 운과 우연을 지배하기 위한 법이 필요하다고 생각했어요.

왕이나 장군들은 지혜를 짜내 전쟁에서 이기기 위한 방법을 모색했어요. 결국 그들은 싸우는 방법인 '전술'을 만들어 내기에 이르렀지요. 이것을 고대 중국인들은 '병법'이라 불렀어요. 중국에서 지금까지 남아 있는 병법서 중 가장 오래되고 세계에서 제일 유명한 책이 바로 《손자병법》

이지요.

《손자병법》은 손무라는 명장이 그의 손자인 손빈과 함께 3대에 걸쳐 저술했어요. 당시 중국은 춘추 시대라 불리는 어지러운 시기였어요. 다른 나라의 영토를 빼앗기 위해 많은 나라들이 매일같이 싸웠어요. 오나라에 살았던 손무는 《손자병법》의 원형이 되는 책을 왕에게 바쳤고 이후 오나라는 활발하게 군사 활동을 벌여 남쪽에 있는 두 나라를 멸망 직전에까지 몰고 갔어요. 이 일련의 승리는 손무의 공적이라 전해지고 있어요.

《손자병법》에는 인간의 심리를 이해하고 조종하는 방법들이 담겨 있어요. 자기 군대를 일부러 사지로 몰고 가서 죽음에 직면시킴으로써 큰 힘을 내게 하는 것, 침공해 오는 적의 뒤에서 공격을 가해 진격을 중단시키는 것, 적의 스파이를 역이용해 거짓 정보를 흘려 혼란시키는 것 등은 오늘날에도 적용할 수 있어요.

세계사를 통틀어 최고의 전쟁 연구서 중 하나로 평가받고 있는 《손자병법》은 어느 분야에 적용해도 무리가 없을 만큼 인간 사회의 모습을 정확히 파악하고 쓴 역서라 할 수 있답니다.

+ 더하기 +

춘추 전국 시대

춘추 전국 시대(기원전 770년~기원전 221년)는 중국의 춘추 시대와 전국 시대를 아울러 부르는 말이에요. 기원전 770년 중국 주(周) 왕조의 천도 후부터 기원전 221년 시황제(始皇帝)의 통일까지를 말하지요. 이 시대는 중국 사상의 최대 개화기로, 수많은 사상가들이 등장해 활약한 시기이기도 해요. 이 시대의 사상가들을 제자(諸子)라 하며 그 학파들을 백가(百家)라 부릅니다. 상업이 많이 발달하였고 철기가 사용된 시기로 각 나라는 인재 등용에 힘써 안으로는 치안과 평화를, 밖으로는 영토 확장을 위한 전쟁이 끊이지 않았어요.

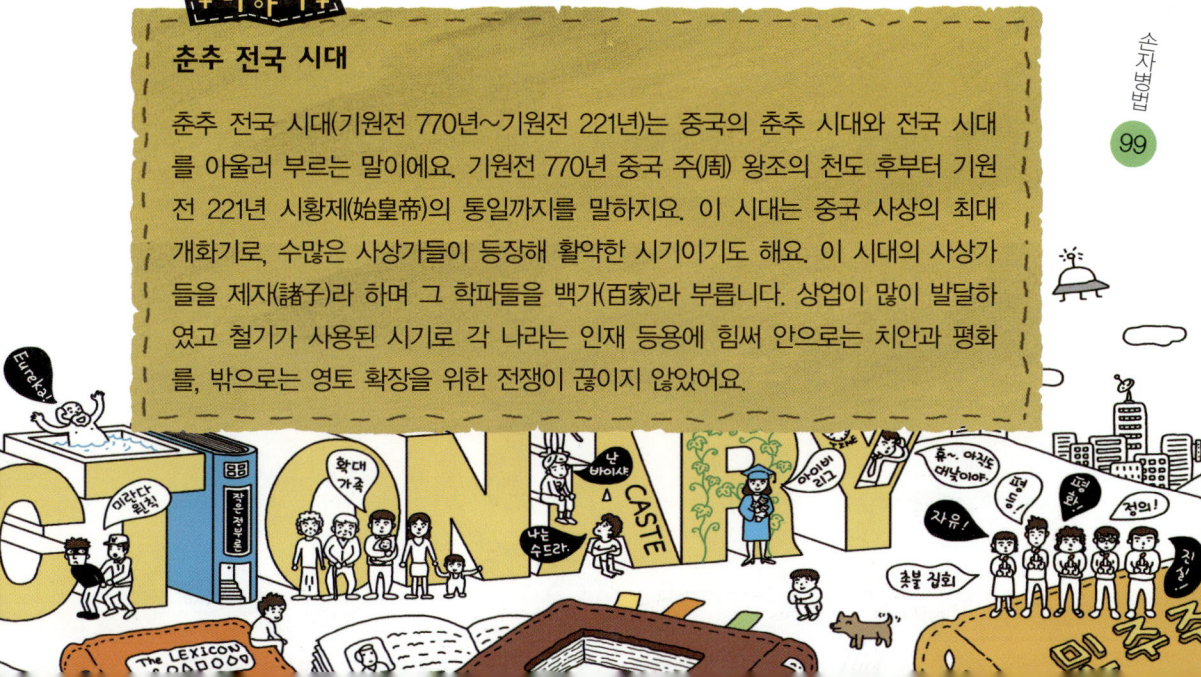

골드러시

황금을 향한 끝없는 탐욕과 서부 개척

'넓고 넓은 바닷가에'로 시작하는 〈나의 사랑 클레멘타인〉이라는 노래를 아시나요? 이 노래는 음악가 박태원이 미국의 민요 〈나의 사랑 클레멘타인〉을 한국인의 정서에 맞게 번안한 것입니다. 미국에서 이 민요가 만들어지게 된 배경이 있어요. 바로 '골드러시'와 관련이 있답니다.

'골드러시'는 금이 발견된 지역에 많은 노동자들이 이주했던 현상을 지칭하는 말이에요. 19세기, 캘리포니아에서 발견된 금을 채취하기 위해 이곳에 사람들이 몰려들었어요.

1848년, 제임스 마셜은 아메리칸 강가에서 금을 발견했고 그 금의 출처를 조사하기 시작했어요. 비밀리에 시작된 일은 결국 미국 전역으로 소문이 퍼졌고 미국인들은 금에 열광하며 이 지역으로 몰려들었지요.

금에 관심을 갖는 사람은 비단 미국인뿐만이 아니었어요. 유럽, 중남미, 중국 사람들도 캘리포니아로 몰려들었어요.

1848에서 1858년까지 캘리포니아에서 약 5억 5,000만 달러에 이르는 금이 채굴되었어요. 인구가 기하급수적으로 늘어나자 캘리포니아는 1850년 9월에 정식으로 미국의 주가 되었어요. 골드러시가 미국 서해안 지역에 있던 알려지지 않은 지역을 한 순간에 변화시킨 것이었어요.

골드러시의 역사는 어두운 이면도 가지고 있어요. 미국에서 엄청난 금들이 쏟아져 나오자 미국 정부는 1830년에 인디언 강제 이주법을 강행했어요. 금이 나오는 지역에 사는 인디언을 다른 지역으로 쫓아내는 것이었지요. 오랫동안 그 땅에 살던 인디언들은 보호 구역 이주라

캘리포니아 사금 광산에서 물대포를 쏘는 광경.

는 명목 아래 강제로 이사를 가야 했어요. 이동하는 동안 인디언들은 추위와 배고픔, 장시간 이동으로 인해 얻은 병 등으로 죽어 갔어요.

이처럼 많은 이들의 죽음과 눈물 위에 펼쳐진 골드러시로 인해 부자가 된 사람은 극히 드물었어요. 더 많은 도구를 가지고 더 많은 땅을 소유한 자가 이익을 볼 수 있었기 때문이에요. 그래서 오늘날에는 골드러시를 재물에 대한 인간의 욕심을 뜻하는 말로 쓰기도 한답니다.

메이지 유신

일본, 막부 정치를 끝내고 근대화를 이뤄 내다

"역사상 일본인이 가장 존경하는 인물은 누구인가?"

일본에서 이 질문으로 설문 조사를 실시했어요. 그 결과 1위를 한 인물은 에도 시대의 하급 무사였던 사카모토 료마입니다. 장군도, 왕족도 아닌 사람이 일본에서 가장 존경받는 인물이 된 것은 그가 일본의 근대화를 이끌었기 때문이지요. 사카모토 료마가 앞장선 개혁을 메이지 유신이라고 해요.

일본 메이지 왕 시절, 일본은 막부 정치 체제였어요. 막부 정치란 왕은 있지만 권력이 없고, 막부라는 권력 체계의 우두머리인 쇼군이 왕을 보호한다는 명목하에 통치하는 정치를 뜻해요. 쇼군이 지방에 있는 관리들을 지배하고 지방 관리들은 농민을 지배하는 시스템이었어요.

하지만 일본의 농업과 상업이 발달하면서 막부 정치는 흔들리기 시작했어요. 농민들은 도시에 가서 상인이 되었고 상인들은 땅을 사서 부를 쌓았어요. 그 결과 지방 관리들이 지배할 사람들이 점점 줄어들게 되었어요.

이때, 미국에서 배가 들어와 항구를 열라고 요구했어요. 미국이 물꼬를 트자 영국, 러시아, 프랑스 등도 무장한 배를 끌고 와 개항을 요구했어요. 결국 일본은 굴욕적인 조약을 맺고 말았지요.

*헌법 체계 아래서 세습되거나 선임된 군주, 즉 왕을 인정하는 정부 형태입니다. 군주의 권력이 헌법에 의하여 제한을 받기도 합니다.

국민들은 불평등 조약에 분노하고 막부 정치를 비판했어요. 사카모토 료마가 앞장서 근대화한 일본을 만들자고 펼친 개혁 운동이 바로 메이지 유신이랍니다. 이는 결국 성공했고 막부 정치는 문을 닫고 말았어요.

메이지 유신을 통해 일본의 모든 사람은 평등해졌어요. 또한 세상을 변화시키는 근본이 교육이라는 생각에서 교육 내용도 서양식으로 바꾸었어요.

모든 국민이 평등해지자 법도 달라져야 했어요. 왕은 1889년 헌법을 발표하고 법을 제정하는 의회를 만들었어요. 이 헌법으로 일본의 왕, 즉 천황을 중심으로 한 일본식 입헌 군주제*가 완성되었어요.

사카모토 료마(1836년~1867년)는 에도 막부 타도 및 메이지 유신에 영향을 주었습니다.

일본은 근대화 과정에서 외국 세력들이 자신들에게 했던 것을 똑같이 우리나라에 적용했어요. 1876년, 국력이 약했던 조선은 불평등 조약인 강화도 조약을 강제로 맺어야 했지요. 일본은 조선에서 얻은 원료와 제품 등으로 산업을 비약적으로 발전시킬 수 있었어요.

메이지 유신

갑오개혁

청·일 간 다툼 속 단행된 조선의 근대화

갑오개혁은 고종 재임 시절인 1894년 7월 초부터 1896년 2월 초까지 약 19개월간 3차에 걸쳐 추진된 일련의 개혁 운동을 말해요. 다른 말로는 갑오경장이라고 해요.

1894년, 군수의 횡포와 착취에 대한 반란으로 동학 농민 운동이 일어났어요. 그러자 조선 정부는 이를 막을 대책으로 청나라에 군사를 요청했어요. 그러자 조선을 호시탐탐 노리고 있었던 일본도 청나라의 파병을 문제 삼으며 조선에 군대를 파견했어요.

일본군은 혼란스러운 틈을 타 청나라와 가깝게 지내던 명성황후 정권을 밀어내고 고종의 아버지인 흥선 대원군을 영입해 새로운 정권을 수립했어요. 이어 일본은 새 정권에 맞는 개혁을 추진했어요.

먼저 모든 공식 문서에서 한문을 없애고 한글만 사용하도록 했어요. 청나라가 쓰는 한자를 쓰지 않겠다는 것을 보여 주려는 의도였어요. 서울에

는 많은 수의 근대 학교들이 세워졌어요. 한글을 가르칠 만한 교육 기관이 필요했기 때문이에요. 이때부터 소학교는 서당을 대신하게 되었고, 근대 교육을 가르칠 선생님을 육성하기 위해 사범 학교가 세워졌어요. 또한 외국어를 가르치기 위해 외국어 학교도 세워졌지요.

갑오개혁의 가장 중요한 것은 신분제 폐지와 여성 인권의 향상이에요. 갑오개혁 이후로 노비를 사거나 파는 것이 금지되었고 공식적으로 양반과 평민을 구분하는 반상제도 없어졌어요. 우리나라에서 수천 년 동안 계속된 신분제가 드디어 사라진 것이었어요.

여성의 지위 또한 상당히 올라갔어요. 이제껏 서당 근처에도 갈 수 없었던 여성들은 학교에 가서 신식 교육을 받을 수 있게 되었고 직장을 가질 수 있게 되었지요.

하지만 이 개혁의 뒤에 일본이 있다는 사실을 잊지 말아야 해요. 갑오개혁은 그 시대에 필요로 했던 근대적인 개혁이었지만 조선이 주체적으로 개혁을 이끌어 갈 기회를 잃었다는 점에서 아쉬움을 남겼답니다.

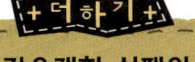

갑오개혁 실패의 교훈

갑오개혁은 일본의 한반도 침략 의도가 직접적으로 반영된 타율적인 개혁입니다. 봉건 사회의 문제를 해결하고자 조선 사회 내부의 개혁을 꾀했다는 점에서 자율성을 가지지만, 일본의 영향 아래에서 이루어졌다는 점에서 타율적이라는 단점도 있습니다. 일본 등 외세를 중심으로 추진되어 국민들에게 폭넓은 지지를 받지 못했어요. 결국 김홍집 등 개혁의 중심인물들이 살해되거나 일본으로 망명하였고, 근대 국가 수립이라는 초기의 목적은 실현하지 못한 채 실패하고 말았습니다.

스톡홀름 신드롬!
다문화 가정
My name is Edison.
자산어보
투표소
주민 소환
WORD
억울한 내 사정 들어 보소.
알파걸
화이트 칼라.
휴머노이드
블루 칼라.
황색 언론
어느 공항에 내려야 하더라?
비 오는 양을 재야겠어.
ㄱㄴㄷㄹㅁㅂㅅㅇ
ㅈㅊㅋㅌㅍㅎ
ㄲㄸㅃㅆ

| 교과서에서 쏙쏙 뽑은 어휘 |

홍익인간

고조선 건국 정신에서 현대 교육 이념으로

"널리 인간을 이롭게 하라."

홍익인간은 단군 신화에서 나오는 용어예요. 하늘 신의 아들인 환웅은 천하에 뜻을 두고 세상 사람들을 다스리기를 원했어요. 그래서 하늘의 신이 천부인 세 개를 주고 내려보내며 '홍익인간'으로써 다스리게 했다는 말에서 비롯되었지요.

홍익인간은 우리나라 정치, 경제, 사회, 문화의 최고 이념으로 윤리 의식과 사상적 전통의 바탕을 이루고 있어요. 여기서 인간은 '사람'을 뜻하는 것이 아니라 '사람들이 사는 세상'을 뜻해요.

단군 신화의 가장 오래된 자료는 고려 충렬왕 때 일연이 쓴 《삼국유사》예요. 여기에서 홍익인간이라는 말이 처음 나오지요. 단군 신화는 이승휴가 쓴 《제왕운기》에도 실려 있어요. 《제왕운기》는 《삼국유사》보다 10여 년 뒤에 쓰인 것으로, 단군을 조선의 시조라고 했어요.

우리나라 교육 이념으로 홍익인간을 정한 것은 광복 이후의 일이에요.

1945년 8월 15일, 대한민국이 일본으로부터 독립하자 우리만의 교육 개념과 제도가 필요했어요. 그때 채택된 것이 홍익인간의 이념이에요. 내용은 다음과 같아요.

"홍익인간의 건국 이념에 기하여 인격이 완전하고 애국정신이 투철한 민주 국가의 공민을 양성함을 교육의 근본이념으로 함."

고조선의 건국 신화에서 홍익인간이라는 말을 끌어내어 교육의 기본 이념으로 삼은 일은 참으로 흥미롭지요. 널리 인간을 이롭게 한다는 정신은 우리나라 역사가 시작된 이래 우리 민족이 간직하고 지키려고 했던 민족적 신념이라고 할 수 있어요.

우리 민족의 시조로 받드는 태초의 임금 단군. 환웅과 웅녀 사이에서 태어나 기원전 2,333년 아사달에 도읍을 정하고 고조선을 세워 약 2천 년 동안 나라를 다스렸다고 전해지고 있습니다.

헌법 재판소

헌법 질서와 국민 기본권을 수호하는 기관

헌법 재판소는 국가 내에서 최고의 법인 헌법에 관한 분쟁을 사법적인 절차에 따라 해결하는 특별 재판소예요. 이곳은 최종 심판 기관이자 기본권을 보장하는 기관이지요. 헌법 재판소는 대통령, 국무위원 같은 고위 공직자의 탄핵을 심판하고, 국가 기관 사이의 문제를 심판하기도 해요.

이러한 헌법 재판소는 법관의 자격을 가진 9명의 재판관으로 구성되어 있어요. 이 중 3명은 국회에서 선출하는 사람을, 다른 3명은 대법원장이 지명하는 사람을 대통령이 임명해요. 그리고 나머지 3명은 대통령의 권한으로 지명하게 된답니다.

헌법 재판소장과 재판관은 대통령이 임명하는데, 국회의원들이 모여 토의하는 국회 인사 청문회*와 국회의 동의를 거쳐야 해요. 대통령이 적합한 사람을 임명했는지 평가하는 것이지요. 모두의 동의를 얻어 헌법 재판소장과 헌법 재판소 재판관이 되면 6년간 업무를 수행하게 된답니다.

대한민국의 헌법 재판소는 헌법 질서를 수호하고, 국민의 기본적 자유와 권리를 보호하는 것을 목적으로 하고 있어요. 헌법 재판은 법이 옳은지 아닌지에 대해 판결을 내리는 곳이기 때문에 법을 책임지는 국가가 모든 비용을 부담해요. 이로 인해 기본권을 침해받고도 재판에서 지면 비용을 내야 한다는 걱정 때문에 헌법 재판을 청구하지 못하는 경우는 없어요. 다만 당사자의 신청에 의한 증거 조사 비용은 헌법 재판소 규칙이 정하는 바에 따라 신청인에게 부담시킬 수도 있어요.

*인사 청문회는 행정부의 고위 공직자를 임명할 때, 국회의 검증 절차를 거치게 함으로써 행정부를 견제하는 제도적 장치입니다. 국회 의원들은 해당 회의에서 후보자가 공직에 대한 수행 능력을 갖추고 있는지 질문을 통해 검증할 수 있습니다.

대한민국의 헌법에 관한 분쟁을 담당하는 특별 재판소인 헌법 재판소 전경.

헌법 재판소가 판결을 내리면 다시 번복할 수 없어요. 이미 심판을 거친 동일한 사건에 대해서는 다시 심판할 수 없다는 일사부재리의 원칙을 따르고 있기 때문이에요. 그러나 이미 결정된 사건의 당사자가 아니라면 유사한 사안이라도 다시 심판 청구를 제기할 수 있답니다.

확대 가족

사회 흐름에 따라 핵가족 위주로 변화

"아빠, 엄마, 할머니, 할아버지, 언니, 나."

주변을 둘러보면 부모님과 함께 사는 사람도 있지만 아빠하고만 혹은 엄마하고만 사는 사람도 있어요. 그뿐만 아니라 형제, 자매하고만 같이 사는 사람도 있을 수 있지요.

가족은 일반적으로 결혼 및 혈연관계, 입양 등의 유대로 맺어진 사람들의 집단을 말해요. 그중에는 조부모님을 포함해 부모님, 형제자매와 함께 사는 가족들이 있어요. 이렇게 3세대 이상이 함께 사는 가족을 '확대 가족'이라고 불러요. 다른 말로는 확장 가족, 대가족이라고 해요.

확대 가족은 혼인한 형제들이 모두 부모와 함께 생활하는 결합 가족과 혼인한 아들 중 한 부부가 부모와 함께 생활하는 직계 가족으로 나눌 수 있어요.

확대 가족은 가족 구성원의 결속력을 최고의 가치로 여겨요. 그래야만

가문의 풍습과 가치관이 잘 전달된다고 믿기 때문이에요. 확대 가족은 구성원이 많기 때문에 안정감을 가질 수 있지만 개인적인 시간을 갖기엔 조금 어려울 수 있어요. 그래서 개인의 개성이 무시된다는 단점을 가지고 있지요.

확대 가족의 반대말로 쓰이는 핵가족은 부부와 그들의 미혼 자녀로 구성된 가족을 말해요. 만약 자녀가 결혼을 하면 배우자와 새로운 가족을 꾸려 나가기 때문에 두 가족이 되는 것이에요. 즉 핵가족은 부부를 중심으로 형성되는 기본 가족이라고 볼 수 있어요.

과거에는 전 세계가 주로 확대 가족의 형태를 띠었어요. 하지만 산업 혁명이 일어나고 사회가 빠르게 변하면서, 구성원이 너무 많고 자신의 의견을 주장하기 어려운 확대 가족보다는 서로 편하게 생활하고 민주적이며 평등한 관계를 갖는 핵가족으로 바뀌게 되었어요.

최근에는 핵가족보다 더 작은 1인 가족도 등장했어요. 가족의 정의에 따르면 1인 가족은 가족이 아닐 수도 있지만 꼭 혼인이나 혈연으로 규정 짓지 말고 다양한 측면을 인정해야 한다는 의견이 많아요. 게다가 2030년에 우리나라 인구 구성을 예측해 보았을 때 1인 가구가 25퍼센트나 차지한다고 해요. 사회의 흐름에 따라서 1인 가구도 가족의 한 유형으로 인정해야 한다고 주장하는 사람들이 있답니다.

투자

투자는 계획적으로, 결과는 본인 책임!

"나 투자해서 돈 벌었어!"

텔레비전이나 혹은 주변에서 이런 말을 하는 사람을 본 적이 있나요? 투자가 무엇이기에 사람들은 돈을 벌 수 있었을까요?

'투자'란 이익을 얻기 위해 자본이나 자금을 사용하는 것이에요. 지금 당장 눈에 보이는 이익이 아니라 장차 얻을 수 있는 수익을 위해 돈을 사용하는 것이지요.

투자의 방법에는 여러 가지가 있어요. 회사에서는 더 많은 상품을 생산하기 위해 기계나 원료를 살 수 있고, 식당을 운영하는 사람은 많은 손님을 유치하기 위해 가게를 확장할 수 있어요. 꼭 물건을 사는 것이 아니라 땅을 살 수도 있고 일해 줄 사람을 구하는 것일 수도 있어요. 즉 생산 활동에 관련된 것의 총량을 유지 또는 증가시키는 것을 모두 투자라 할 수 있지요. 그뿐만 아니라 내가 뭔가를 해내기 위해 많은 시간을 썼다면 그

또한 투자라고 볼 수 있어요.

　투자와 관련된 용어로 투기가 있어요. 투기는 생산 활동과는 관계없이 오직 이익을 추구할 목적으로 물건이나 땅 등을 구입하는 행위를 말해요.

　투자와 투기는 이익을 추구한다는 점에서는 같지만 그 방법에는 차이점이 있어요. 이성적인 판단으로 가치를 매긴 후에 매매를 하는 투자와는 달리 투기는 시장 상황을 보고 감정에 따르거나 휘둘리며 매매를 한답니다. 또한 물건 등을 산 뒤 오랫동안 해당 자산의 가치가 오를 때까지 기다리는 것을 투자, 단기간 동안 가격이 빨리 오르기를 기대하며 사는 것을 투기라고 하기도 해요. 만약 땅을 살때 그곳에 공장을 지어 사업을 하려고 한다면 투자이고, 땅값이 오르기만을 기다린 후에 다시 팔려고 한다면 투기가 되지요.

　이처럼 투자와 투기는 분명한 차이를 보이지만 아주 중요한 공통점이 있어요. 바로 손해를 볼 수 있다는 점이에요. 우리의 시간과 돈을 사용하는 일인 '투자'는 아주 신중하게 해야겠지요?

세계 7대 불가사의

인류가 만든 찬란한 역사의 흔적들

"도대체 어떻게 저런 것을 만들었을까?"

세계에서 가장 신기하고 독창적인 것을 '세계 7대 불가사의'라고 해요. 선정한 기준에 대해 의견이 분분하지만 2007년 7월 7일 신세계 7대 불가사의로 선정된 것을 알아보도록 해요.

첫 번째는 중국의 만리장성이에요. 만리장성은 진시황이 적을 막기 위해 세운 벽으로 길이가 무려 6,352킬로미터예요. 아쉽게도 지금은 그 길이의 5분의 1만 남았어요. 하지만 이 또한 매우 길어서 달에서도 만리장성이 보인다는 말도 있지만 실제로는 아니라고 해요.

만리장성
만리장성은 유목 민족의 침입을 막기 위해 중국 진나라(시황제) 때 기존의 성곽을 잇고 부족한 부분은 새롭게 축조하여 만든 성곽입니다. 이후 지속적으로 보수하고 개축 및 신축하여 현재까지 남아 있으며, 중국을 상징하는 대표적인 유적이 되었습니다. 1987년에 유네스코 세계 유산에 등재되었어요.

두 번째는 페루의 마추픽추예요. 잉카 문명의 고대 도시인 마추픽추는 400여 년간 숨겨져 있던 도시로 유명해요. 마추픽추는 원주민말로 '나이든 봉우리'를 뜻하는데, 산자락에서는 그 모습을 볼 수 없어 '공중 도시'라고 부르기도 합니다.

마추픽추
마추픽추는 페루에 있는 잉카 문명의 고대 도시입니다. 1911년 미국의 탐험가이자 역사학자인 하이럼 빙엄(1875년~1965년)이 우르밤바 계곡에서 발견하였어요.

세 번째는 브라질의 예수상이에요. 포르투갈의 지배를 받았던 브라질이 독립 100주년을 기념하기 위해 만든 이 석상은 높이는 38미터나 되고, 무게는 자그마치 1,145톤에 달해요.

예수상
설계는 에이토르 다 실바 코스타(Heitor da Silva Costa)와 폴 란도프스키(Paul Landowski)가 담당하였으며, 자금은 기부금으로 충당되었어요. 1926년부터 1931년에 걸쳐 공사가 이루어졌고, 기단 내부에는 150명을 수용할 수 있는 예배당이 있습니다.

치첸이트사
치첸이트사는 1988년에 세계 유산으로 등록된 멕시코 고대 마야, 톨텍 문명의 유적입니다.

네 번째는 멕시코에 있는 마야 문명의 유적지 치첸이트사예요. 10~13세기에 번성했던 마야 신제국 도시로 피라미드형 신전, 천문대 등과 같은 유적이 있어요.

콜로세움
콜로세움은 고대 로마 시대의 건축물 가운데 하나로, 로마 제국 시대에 만들어진 원형 경기장입니다. 현재는 로마를 대표하는 유명한 관광지로 탈바꿈하였지요. 콜로세움이라는 이름은 근처에 있었던 네로 황제의 동상에서 유래했다고 해요.

다섯 번째는 로마의 콜로세움이에요. 과거 로마에서 검투 경기를 관람하는 곳으로 알려져 있어요. 이곳은 로마 문화를 대표하는 건축물로 손꼽힌답니다.

여섯 번째는 인도의 타지마할이에요. 무굴 제국의 황제 샤자한이 왕비 뭄 타지마할을 추모하기 위해 만든 무덤인 타지마할은 20년이라는 긴 시간에 걸쳐 만들어졌어요. 무덤은 지금까지도 매우 잘 보존되고 있어요.

일곱 번째는 요르단의 페트라예요. 거대한 암벽 도시의 유적인 페트라

타지마할
타지마할은 인도 아그라에 위치한 무굴 제국의 대표적 건축물입니다. 무굴 제국의 황제 샤자한이 왕비를 기리기 위하여 무덤 건축을 명령하여 2만 명이 넘는 노동자를 동원하여 건설하였다고 해요.

는 당시의 건축 기술이 얼마나 뛰어난지 알 수 있답니다.

　인간은 삶의 기원이 되는 우주 물질에 대해 불과 4%의 지식밖에 갖고 있지 않다고 해요. 과학이 아무리 발전해도 풀지 못하는 문제가 가득하지요. 그렇기 때문에 세상이 더 신기하고 재미있는 게 아닐까요?

페트라
페트라는 바위를 깎아 만든 암벽에 세워진 도시입니다. 페트라라는 말은 바위를 뜻합니다. 영화 〈인디아나 존스: 최후의 성전〉에서 오지의 성전으로 등장하기도 합니다. 페트라는 요르단에 있는 고대 도시로써 이스라엘, 시리아, 이라크, 사우디아라비아 사이에 위치한 왕국이었어요. 이곳은 요르단의 수도인 암만에서 3시간 정도 떨어져 있는 사막 한가운데 있는 산악 도시이기도 합니다.

콤플렉스

내면에 깃든 강박, 극복하면 힘 된다

"억압된 의식 속에 잠재해 있는 강박 관념."

콤플렉스는 흔히 '열등감'을 갖고 있는 상태를 뜻해요. 다른 사람보다 키가 작아서 기가 죽는 것, 암기를 못해서 기억력을 탓하는 것 등 자신이 남들보다 부족하다고 생각하는 점에 대해서 스트레스를 받는 것이지요.

콤플렉스는 정신 분석학 용어에서 시작되었어요. 특히 심리학자인 칼 융이 즐겨 쓰는 말이었지요.

"인간이라면 누구에게나 콤플렉스가 있으며 콤플렉스는 무의식적인 것일수록 강력한 힘을 발휘한다."

정신 분석학의 최고 권위자로 꼽히는 프로이트 또한 콤플렉스란 어휘를 애용했어요. 그중 하나가 '오이디푸스 콤플렉스'예요.

그리스 신화의 인물 중 하나인 오이디푸스는 어린 시절 자신을 버렸던 아버지의 얼굴을 알지 못해 실수로 아버지를 죽이고 어머니와 결혼해 불

행해졌어요. 프로이트는 이 오이디푸스의 이름을 따 어린 아들이 어머니에게 기대는 심리를 '오이디푸스 콤플렉스'라고 불렀어요.

'오이디푸스 콤플렉스'의 반대 개념으로 '엘렉트라 콤플렉스'도 있어요. 엘렉트라 또한 그리스 신화 인물 중 하나로 눈이 먼 아버지를 봉양한 여성이에요. 엘렉트라의 이름을 따 어린 여자아이가 아버지에게 애착을 갖는 심리를 '엘렉트라 콤플렉스'라고 부른답니다.

최근에는 콤플렉스란 어휘를 다양한 방면에서 사용하고 있어요. 육아부터 직장 일까지 모든 것에서 완벽함을 추구하는 슈퍼우먼 콤플렉스, 백마 탄 왕자를 기다리는 여자들의 환상을 뜻하는 신데렐라 콤플렉스, 늙지 않고 젊게 살고자 하는 욕망을 가리키는 피터팬 콤플렉스가 그 예랍니다.

콤플렉스는 사람에게 스트레스를 주기 때문에 부정적인 요소가 있지만 한편으로는 콤플렉스를 극복하기 위해 노력하기 때문에 긍정적인 요소도 있답니다.

알파걸

'능력으로 남자를 압도한다'
세상을 바꿀 그녀들

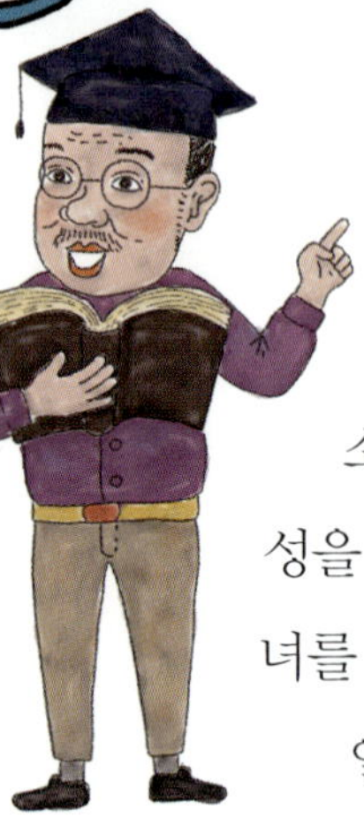

　알파걸은 사회에서 두각을 나타내는 엘리트 여성을 일컫는 신조어로 공부면 공부, 운동이면 운동, 소득이면 소득 등 다방면에서 남성을 능가하고 높은 자신감을 가진 여성을 뜻해요. 알파걸은 그리스어의 첫째 자모인 '알파(α)' 와 소녀를 의미하는 '걸(girl)' 의 합성어랍니다.

　알파걸이란 용어를 처음 사용한 사람은 하버드 대학교 아동 심리학 교수인 댄 킨들러예요. 그는 자신의 책에서 알파걸을 '학업과 운동, 인간관계와 리더십에서 탁월한 능력을 보이며 남성을 능가해 질주하는 여성' 이라고 설명했어요. 이 책에 따르면 1980년대부터 알파걸들이 나타났다고 해요. 1980년도 말에 대학에 입학하는 여학생 숫자가 남학생보다 많아지기 시작했기 때문이에요. 하지만 아직도 현재 정계를 비롯한 많은 분야에서는 남성의 비율이 압도적으로 많은데 그 이유는 사회에 존재하는 성차별 때문이라고 분석했어요. 그리고 모든 분야에

있어 남성과 여성이 동등해지기까지는 몇 년의 시간이 더 필요할 것이라 설명했어요. 댄 킨들러는 알파걸 세대의 여성들이 남성보다 더 우수한지는 정확히 측정할 수 없지만 세상을 변화시킬 잠재력과 미래의 지도자가 될 능력이 충분히 있다고 말했어요.

알파걸은 일반적으로 여성의 성적 정체성을 강조하는 페미니스트들과는 다른 입장을 가지고 있어요. 알파걸은 남녀에게 주어진 능력은 다를 것이 없고 개개인의 차이로 성공한다고 생각하는 여성들로, 더 노력하면 남성을 뛰어넘을 수 있다고 생각해요.

알파걸과 유사한 의미의 단어로는 '파워걸', 일본의 '하나코상', 한국의 '골드미스' 등이 있어요. 말은 다 다르지만 여성의 능력이 남성보다 우위에 있고, 사회적 지위를 갖춘 능력이 있는 여성들을 이른다는 점에서 뜻은 같다고 볼 수 있어요.

알파걸과 관련이 있는 단어로는 '베타걸'이 있어요. 그리스어 두 번째 자모인 베타에서 유래한 이 단어는 알파걸의 뛰어난 능력에 미치지 못하는 여성들을 가리켜요. 하지만 지금 베타걸이라고 해서 언제까지나 베타걸은 아니겠지요? 베타걸도 조금만 더 노력하면 알파걸이 될 수 있답니다.

지구 온난화

**탄소 배출을 줄여
지구를 구하자**

"지구가 점점 뜨거워지고 있다."

지구 온난화란 지구 표면의 평균 온도가 상승하는 현상을 말해요. 추운 겨울을 싫어하는 사람은 전 세계가 따뜻해져서 좋을 거라고 생각할 수도 있어요. 하지만 지구 온난화는 우리가 사는 세상을 위험에 빠뜨리는 큰 문제랍니다.

지구 온난화로 전 세계의 온도가 올라가자 대기에 있는 수증기량이 증가했어요. 그러자 평균 강수량이 많아져 홍수나 가뭄이 일어나고 있어요. 뿐만 아니라 남극의 얼음도 녹기 시작했어요. 이로 인해 그곳에 살고 있는 펭귄, 물범 등이 살 곳을 잃고 있답니다.

2000년 7월에 미국 항공 우주국인 나사(NASA)에서는 지구 온난화로 그린란드의 빙하가 녹아내려 지난 100년 동안 해수면이 약 23센티미터 상승했다고 발표하기도 했어요. 이렇듯 지구 곳곳을 병들게 하는 지구 온난화는 사람들이 관심을 갖고 해결해야 할 문제랍니다. 그렇다면 지구 온

난화는 왜 발생하게 되었을까요?

　지구 온난화는 19세기 산업 혁명을 거치면서 심각해졌어요. 산업이 발전함에 따라 석유와 석탄 같은 화석 연료의 사용이 늘었고, 이에 따라 공장에서 내뿜는 매연으로 인해 지구 공기를 오염시키는 온실가스가 많이 발생했어요.

　온실가스란 공기 중의 이산화 탄소, 메탄 등 지구를 따뜻하게 감싸는 기체예요. 사실 온실가스는 우리에게 꼭 필요한 것이지만 지금은 양이 너무 많아져서 지구를 뜨겁게 만들고 있어요.

　현재 많은 나라들이 지구의 온도를 낮추기 위해 애쓰고 있어요. 특히 가장 문제가 되는 온실가스의 배출량을 줄이기 위해 노력하고 있어요.

　지구 온난화를 막기 위해서는 개인의 노력도 필요해요. 냉난방 기구의 사용 줄이기, 물 아껴 쓰기 등을 실천해 우리도 생활 속에서 온실가스를 줄일 수 있답니다.

온실가스

온실가스는 지구 온난화를 일으키는 원인이 되는 대기 중의 가스 형태를 말합니다. 1985년 세계 기상 기구(WMO)와 국제 연합 환경 계획(UNEP)은 이산화 탄소가 온난화의 주범이라고 공식적으로 선언하였습니다.

환율

시장 원리에 따라 움직이는 화폐 교환 가치

"1,000원, 1달러, 100엔."

우리나라 돈의 화폐가 원인 반면 미국은 달러, 일본은 엔, 유럽은 유로, 중국은 위안, 멕시코는 페소를 쓰지요. 세계 각국은 사용하는 화폐와 단위가 달라요. 그렇기 때문에 외국과 거래를 할 때에는 국내 거래에서는 발생하지 않는 문제가 생긴답니다. 한국 돈으로는 미국에서 햄버거를 살 수 없어요. 오직 달러로만 살 수 있지요. 그렇다면 우리나라 돈인 원을 달러로 바꿔야 하는데, 이때 교환의 비율을 '환율'이라고 해요. 그렇다면 환율은 어디서 정하는 걸까요?

과거에는 많은 나라들이 정부에서 환율을 결정했어요.

"오늘부터 500원을 1달러라고 하겠다."

만약 우리나라가 이렇게 정했다면 1달러를 500원에 기준 삼아 거래가 이루어지는 것이에요. 하지만 하루에도 수십 번씩 바뀌는 세계 경제 속에

서 돈의 가치 또한 변한답니다. 우리나라만 해도 개발 도상국에서 선진국으로 성장해 화폐 가치가 훨쩍 뛰어올랐으니까요. 그래서 외환 시장에서 환율을 정하게 되었어요.

*국제 통화 기금(國際通貨基金, International Monetary Fund, IMF)의 준말. 환율과 국제 수지를 감시하고 국제 금융 체계를 감독하는 것을 위임받은 국제 기구입니다. 회원국의 요청이 있을 때, 기술 및 금융 지원을 직접 제공하기도 합니다. 대한민국에서는 1997년 외환 위기를 IMF 사태라고 부르기도 합니다.

외환 시장은 외국 돈이 거래되는 시장을 말해요. 외국 돈을 구입하려는 사람과 판매하는 사람의 사정에 맞추어 가격을 조정하고 결정하게 하는 것이지요. 돈을 구입하려는 사람이 많고 판매하려는 사람이 적어지면 환율이 오르고 반면에 돈을 구입하려는 사람이 적고 판매하려는 사람이 많으면 환율이 내려갔어요. 이를 변동 환율 제도라고 불러요.

변동 환율 제도의 가장 큰 단점은 복잡하다는 것이에요. 날마다 환율이 바뀌기 때문에 많은 사람들의 의사 결정에 어려움이 생겼어요. 돈에 움직이는 자본주의 사회에서 환율 변동은 큰 액수 차이를 부르기 때문이에요.

우리나라는 1990년대 후반에 들어 변동 환율 제도를 채택했어요. 우리나라는 그 시기에 외환 위기라 불리는 IMF* 사태를 맞이하게 되었어요. 외국의 통화가 갑자기 폭등하는 바람에 한국 경제는 심하게 요동칠 수밖에 없었지요. 그래서 IMF 사태의 원인으로 환율 제도의 변화를 꼽기도 한답니다.

+ 더하기 +

기축 통화

기축 통화는 금과 더불어 국제간 금융 거래에서 통용되는 통화를 가리킵니다. 대표적으로 미국의 달러를 들 수 있지요. '기축 통화'라는 표현은 예일 대학교 교수였던 벨기에의 경제학자 로베르 트리핀이 1960년에 처음으로 사용했어요. 당시 기축 통화는 미국의 달러와 영국의 파운드화였으나, 현재 기축 통화로 취급되는 통화는 달러화, 유로화, 위안화 등입니다.

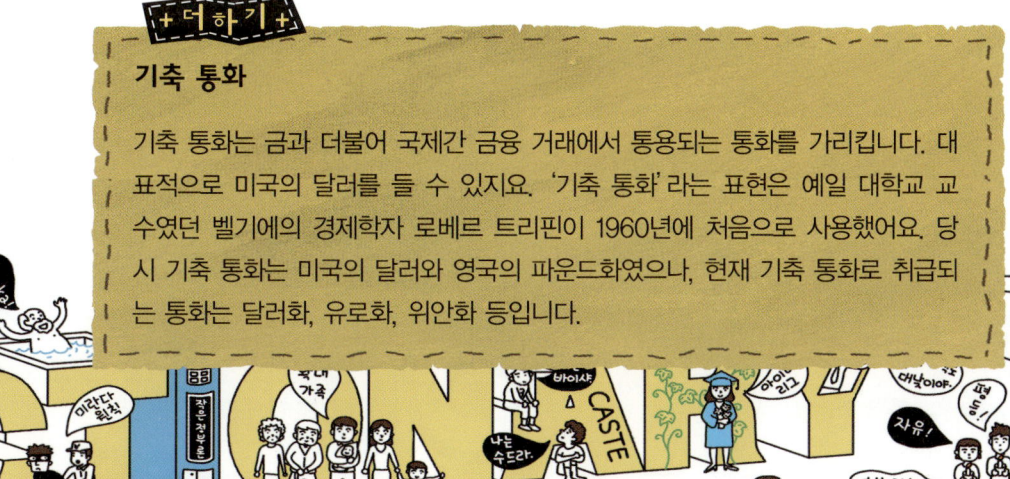

빈부 격차

각종 사회 문제 야기하는 부의 집중과 대물림

　　빈부 격차란 사람과 사람 사이에 경제적 불평등이 존재하는 것을 말해요. 쉽게 말해 가난한 사람과 부유한 사람의 경제적 차이를 뜻합니다.

　　빈부 격차는 인류 역사상 어느 시대, 어느 나라에서나 있었어요. 우리나라에 양반과 노비가 있었고 외국에는 귀족과 노예가 있었던 것처럼 말이에요. 옛날에는 신분의 격차가 함께했지만 모두가 똑같이 평등한 요즘에도 빈부 격차는 있어요. 그렇다면 빈부 격차가 생기는 이유와 이로 인한 문제점은 무엇일까요?

　　빈부 격차가 생기는 이유는 부와 가난이 대물림되었기 때문이에요. 부유한 사람들은 그들의 자식을 좋은 환경 속에서 높은 수준의 교육을 받을 수 있도록 도와주지요. 그 자식들은 명문 학교에 진학하고, 높은 연봉의 직업을 얻어 부를 창출하게 되지요. 반면, 가난한 사람의 자식은 사회적 환경, 교육 수준이 부유한 사람에 미치지 못하니 자연스럽게 부를 창출하

지 못하게 됩니다. 요즘 사회에서는 개인의 노력으로 따라잡을 수 있지만 만약 빈부 격차가 매우 크다면 쉽지만은 않을 거예요.

이렇게 빈부 격차가 커지면 정부는 하위층의 의무 교육과 취업을 책임져야 해요. 하지만 나랏일을 하는 사람은 높은 교육을 받은 사람들, 즉 부유한 계층인 경우가 많기 때문에 하위층의 입장을 대변하지 못해요. 그러니 복지 혜택도 하위층에 맞게 만들어지지 않는 것이지요.

이렇게 빈부 격차가 점점 심해지면 많은 범죄가 생겨요. 삶의 질이 떨어진 하위층 중 일부는 범죄를 통해 돈을 차지하려 하기 때문이에요. 대표적인 예가 남아프리카 공화국이에요. 남아프리카 공화국은 아프리카에서 가장 부유하고 현대적인 나라이지만 상위층은 백인을 포함한 소수일 뿐 나머지 흑인들은 하위층이라 빈부 격차로 골머리를 앓고 있어요. 2010년 외교 통상부의 조사에 따르면 남아프리카 공화국의 살인 사건은 16,834건으로 하루 평균 46명의 무고한 사람들이 희생되었어요. 또한 절도는 1,007,447건으로 하루에 2,764건의 절도 사건이 벌어지고 있어요.

전 세계에서는 빈부격차를 줄이기 위해 다양한 제도를 실시하고 있어요. 주로 저소득층에게 복지 혜택을 늘려주는 것이지요. 하지만 우리나라의 경우, 세계 경제 협력 개발 기구인 OECD의 32개 가입국 중 공공복지 지출 부분에서 31위(2014년 조사)라는 안타까운 결과를 보였어요. 우리나라가 빈부 격차 개선을 위해 얼마나 애써야 하는지 보여 주는 부분이에요.

경제적 불평등

경제적 불평등이란 개인간 경제적 자산과 소득의 차이에서 발생하는 불평등을 가리킵니다. 빈부 격차(Rich-poor gap), 소득 불평등 (Income inequality)등으로도 부르지요. 주로 빈곤층과 부유층 간의 물질적 격차를 포함하는 말입니다. 경제적 불평등이 증가하는 현상을 경제 양극화라고 부릅니다.

고정 관념

생각의 벽 허물면
더 넓은 세상 만나

많은 사람들이 '남극' 하면 가장 많이 떠올리는 동물은 바로 펭귄이에요. 하지만 펭귄은 남극보다 열대 지방에 더 많이 살고 있어요. 심지어 적도 부근에도 서식하고 있는 것으로 알려졌지요. 이런 오해는 고정 관념에서 생겨난 것이에요.

고정 관념은 어떤 집단이나 구성원들의 전형적 특징에 관한 신념이라고 정의할 수 있어요. 많은 사람들이 옳다고 하는 것을 함께 믿는 것이지요.

고정 관념은 학습에 의해 생겨나요. 주로 우리가 학교나 사회에서 학습하는 사회 관념은 고정되어 있고, 당연하며, 누구도 반박하지 않을 것이라고 강조해요. 이는 선생님의 입에서, 엄마의 입에서, 친구의 입에서 나오기 때문에 자연스럽게 받아들이게 되지요. 즉 사회 속에서 자신도 모르게 고정 관념을 갖게 되는데 극단적인 고정 관념으로는 '흑인보다 백인이 우월하다.' 는 식의 인종 차별을 들 수 있어요.

일상에서도 고정 관념은 뿌리 깊게 자리 잡고 있어요. 가장 흔한 고정 관념은 성에 대한 구분이에요.

사람들은 주로 군인이나 경찰은 남성이 하는 일이라고 생각해요. 체력적으로 힘든 일이기 때문이에요. 하지만 우리나라에서 여군이 생긴 지 벌써 65년이나 되었고 2015년에는 764명의 여군이 장교로 임관되기도 했어요.

미용사나 무용가는 여성이 해야 어울리는 직업이라는 시선이 많지만 세계에 우뚝 올라선 무용가나 유명한 미용사 중에서 남성들을 심심치 않게 찾아볼 수 있어요.

장애에 대한 고정 관념 또한 만만치 않아요. 장애가 있으면 활동하기 어려우니 사회에서 제 몫을 해낼 수 없다고 판단하는 것이지요. 하지만 장애인들은 장애인 올림픽에 나갈 수 있을 만큼 훌륭한 운동선수가 될 수 있고 아름다운 선율을 연주하는 피아니스트도 될 수 있어요.

이처럼 고정 관념은 우리 사회 곳곳에서 찾아볼 수 있어요. 여러분도 고정 관념을 한두 가지는 가지고 있을 거예요. 그러한 고정 관념이 진실로 보일 수도 있어요. 그렇다고 해서 고정 관념 속에 갇혀 살아야 할까요? 세상을 바꾸는 첫 단계는 고정 관념을 깨는 것에서 시작된다는 것을 잊지 말아야 해요.

다문화 가정

피부색과 언어는 달라도
모두가 우리 이웃

우리나라에는 다양한 인종과 민족이 살고 있어요. 이에 따라 다른 민족과 다른 문화적 배경을 가진 사람들이 모인 다문화 가정이 늘어나고 있어요. 쉽게 말해 다문화 가정이란 외국인 가족이 대한민국 국민으로 귀화했거나 한국인이 외국인과 결혼을 해 가정을 이루는 것을 말해요.

우리나라는 2015년에 다문화 가정의 구성원 수가 50만 명을 넘어섰어요. 매년 3만 명 이상의 동남아 여성들이 한국인과 결혼하면서 다문화 가정은 해마다 늘어나고 있어요.

다문화 가정이 늘어남에 따라 문화적으로 풍부해졌지만 사회적 문제도 발생했어요. 특히 외국인 부모를 둔 아이들의 문제가 가장 커요. 피부색과 언어가 다르다는 이유로 학교에서 친구들로부터 소외당하고, 공부를 제대로 따라가지 못해 뒤처지는 경우가 생기고 있지요.

우리나라는 예로부터 단일 민족을 중시하는 사고가 강했어요. 대한민

국 국민은 같은 피부색과 언어를 공유하는 한민족이라고 생각하는 성향이지요. 하지만 이는 몹시 잘못된 생각이에요.

가야 김수로왕의 왕비 허황옥은 아유타국이라는 먼 나라에서 온 사람이에요. 허왕옥은 김해 김씨와 김해 허씨의 조상이 되었지요. 통일 신라 시대에도 많은 이슬람 상인들이 신라에 와서 살기도 했어요. 또 고려 시대에는 인구의 10퍼센트가 외국인이었다는 말이 있어요. 전 세계를 통틀어 인종적으로 순수한 민족은 별로 없다고 볼 수 있어요.

대한민국 국민들이 뼛속 깊이 갖고 있는 혈통주의로 인해 그동안 혼혈인을 무시하고 이들에 대한 적절한 정책을 마련해 주지 않아 아이들은 더 고통받을 수밖에 없었어요. 그래서 지금은 국가의 제도와 정책을 변화시키기 위해 노력 중이에요. 2003년에는 한 시민 단체가 '국제결혼 가정', '혼혈아' 등의 차별적이고 부정적인 용어를 없애기 위해 노력했지요.

여기에 그치지 않고 한국인과 결혼해 국내에서 생활하고 있지만 외국 국적을 가지고 있는 사람들을 위해 한국의 문화와 풍습, 일반적인 생활 상식 등을 각 국가 언어별로 만들어 보급한다면 큰 도움이 될 거예요.

정책뿐만 아니라 우리의 인식도 바꾸어야 해요. 열린 마음으로 우리와 서로 다른 피부색, 문화를 가진 사람들과 어울려 살아갈 준비를 해야 한답니다.

기회비용

선택의 대가 최소화하는 안목 길러야

"이걸 고를까? 저걸 고를까?"

우리는 무슨 일을 할 때 항상 선택의 기로에 서요. 음식을 먹을 때도, 물건을 고를 때도 말이지요. 하나를 선택하면 하나를 포기해야 하는데 우리는 이를 '기회비용'이라고 해요.

경제 활동은 다른 경제 활동을 할 수 있는 기회의 희생으로 이루어져요. 옷과 구두를 모두 사고 싶지만 돈이 모자라면 구두만 사야 하는데, 이는 옷을 살 수 있는 기회의 희생으로 행해지는 경제 활동이라는 것이지요. 따라서 다른 경제적 활동의 희생으로 대치된 비용이라 하여 '대치 비용'이라고도 해요.

기회비용의 개념은 경제의 영역을 넘어서 사회, 정치에서도 쓰인답니다. 정치에서 기회비용은 어떻게 쓰일까요?

"A라는 후보와 B라는 후보 모두 대통령이 되기에 충분하지만 결국 A를 뽑았다."

그렇다면 우리는 B라는 후보를 통해 얻게 될 이익을 포기하는 것이지요. 이를 기회비용이라고 말할 수 있어요.

개인의 비경제적 행위에도 기회비용이 존재해요. 가령 어떤 사람이 결혼을 했을 경우 그 결혼의 기회비용은 미혼자로서 누릴 수 있는 자유예요. 실제로 이런 기회비용이 결혼으로 얻어지는 이익보다 크다고 믿어 결혼을 하지 않는 사람들이 늘어나는 추세지요.

사람들은 어떤 행동을 취할 때에 그 행동의 기회비용을 따져 보는 성향이 있어요. 그러나 비경제 분야에서의 기회비용은 측정을 할 수 없기 때문에 매우 추상적이에요. 그래서 이러한 경우에는 정신적인 측면을 살펴보고 선택하는 경우가 많답니다.

+더하기+

가성비

가성비란 가격 대비 성능의 비율이란 뜻으로 다른 말로는 '가격 경쟁력'이라고도 해요. 예를 들어 1,000원짜리 물건을 샀는데 그 물건이 2,000원짜리만큼 기능하거나 더 좋을 경우, '가성비가 높다'고 말할 수 있어요. 그러나 1,000원짜리 물건과 10,000원짜리 물건을 비교했을 때 1,000원짜리 물건에 '가성비가 낮다'고 할 수는 없어요. 가성비는 어디까지나 상대적인 개념이랍니다. 합리적인 소비를 위해서는 목표에 맞는 계획을 세워 소비하는 자세가 필요해요. 가성비는 그 과정에서 고려해 볼 만한 수많은 사안 중 하나이지요.

촛불 집회

작은 불빛들 모여 어둠을 밀어내다

촛불 집회란 광장이나 공원 등에서 촛불을 들고 벌이는 집회를 말해요. 촛불 집회는 한국의 대표적인 평화적 시위로 정착하고 있어요. 해가 진 이후 건물 밖에서 하는 집회, 또는 시위를 금지하는 법에 걸리는 것을 피하기 위해 문화제 형식으로 열리므로 촛불 문화제라고도 하지요.

촛불 집회는 1968년 미국에서 베트남 전쟁을 반대하는 반전 시위의 하나로 마틴 루터 킹 등의 반전 운동가들에 의해 시작되었어요. 촛불 집회는 침묵 속에서 진행되기 때문에 보통 비폭력 평화 시위를 상징해요. 촛불 집회는 밤에 불을 밝히며 하는 것이기 때문에 사람들의 이목을 집중시킬 수 있고 늦은 시간 진행되어 하루 일과를 끝낸 시민들의 자발적 참여가 용이하다는 장점을 지니고 있어요.

우리나라는 1992년 인터넷 서비스망인 하이텔의 유료화에 반대하며 처음 열렸어요. 이후 2002년 6월 13일 경기도 양주시의 지방 도로에서

신효순, 심미선 두 여중생이 주한 미군의 장갑 차량에 깔려 그 자리에서 사망한 사건을 계기로 대중적 참여가 이뤄졌지요. 처음

시민들이 촛불 집회 현장에 모여 있는 모습입니다.

에는 억울하게 죽은 두 여학생을 위한 추모 행사였으나 미군 법정이 운전병들에게 무죄 판결을 내리면서 반미 시위의 성격을 띠게 되었어요. 이때부터 나라에 정치적, 사회적 문제가 불거질 때마다 시민들은 촛불 집회를 열어 뜻을 함께함을 밝혔어요.

　촛불 집회는 정치에도 영향을 미쳤어요. 2004년 3월 고 노무현 대통령 탄핵 사건이 일어나자 탄핵에 반대하는 대규모 촛불 집회가 일어났고, 2008년 5월 2일에는 10대 여학생들이 미국산 쇠고기 수입을 반대하는 촛불 문화제를 열자 많은 시민들이 자발적으로 동참해 전국으로 확산되었어요. 이 촛불 집회는 주도 세력이 없는 자발적 개인들의 모임이라는 점이 가장 큰 특징이었어요. 다양한 사람들이 비폭력적으로 자신들의 주장을 폈다는 점에서 민주주의의 새로운 면을 보였다는 평가를 받기도 해요.

　한편, 제한된 정보만 제공하고 집회를 앞장서는 몇 명이 다수를 선동할 수도 있다는 우려의 목소리도 있어요. 하지만 직업과 나이에 상관없이 국민이 서로 공감하고 뜻을 나눈다면 촛불 집회는 더욱 발전하고 진화해 나갈 수 있을 거예요.

공정 무역

커피 한 잔에 담긴 땀의 대가는 얼마?

공정 무역이란 무역의 당사자인 두 국가 간의 무역이 동등하게 이루어지는 것을 말해요. 다시 말해 다른 나라에 비해 더 비싸게 파는 것이 아니라 서로 동등하게 무역이 이루어지는 것을 뜻하지요. 이는 무역 선진국이 개발 도상국*이나 후진국에 요구하는 사항이 될 수도, 정당한 대가와 권리를 보호하는 수단이 될 수도 있어요.

미국이나 유럽 같은 무역 선진국들은 시장 개방을 목적으로 개발 도상국이나 후진국에게 국가 간의 무역은 동등해야 한다고 주장하며 공정 무역을 요구하기도 해요. 노동력이 싸고 풍부한 개발 도상국이나 후진국은 선진국에 비해 제품을 싸게 만들어 낼 수 있기 때문에 선진국 쪽에서 손해가 날까 봐 우려하는 것이지요.

하지만 과거 무역 선진국들이 개발 도상국이나 후진국에 공장을 세우면서 정당한 대가 또는 권리를 인정해 주지 않고 불공정한 거래로 노동력

을 착취했기 때문에 자기 이득만 챙기려는 무역 선진국은 손가락질을 당하기도 해요. 이런 이유에서 생겨난 것이 '대안 무역'이에요.

*선진국과 달리 최첨단 기술이나 지식 및 제도가 아직 충분히 보급되지 않아 산업의 근대화와 경제 개발이 뒤지고 있는 나라를 말합니다. 줄여서 개도국이라고 합니다.

대안 무역이란 무역 선진국에 비해 소외된 생산자, 즉 개발 도상국이나 후진국에게 좋은 조건의 무역을 제공하고 그들의 권리를 보장해 주며, 소비자에게는 윤리적인 제품을 공급하고자 하는 직거래 방식의 무역을 말해요.

요즘 들어 유행하고 있는 공정 무역 커피를 대안 무역의 예라고 볼 수 있어요. 예전에는 다국적 기업들이 커피를 제공받으면서 이들의 노동력은 착취할 대로 착취하고 임금은 턱없이 낮게 지급했어요. 하지만 공정 무역 거래를 통해 케냐나 에티오피아 같은 커피 재배국에서 직접 커피를 구매해 재배한 이의 생활 수준은 높이고 소비자들은 질 좋은 커피를 마시는 것이지요.

국내에서는 2002년 아름다운 가게가 최초로 공정 무역 운동을 시작했어요. 현재 국내에서 공정 무역을 통해 제품을 판매하는 단체는 아름다운 가게를 비롯해 에코 생활 협동조합, 한국 YMCA 등 10여 개 단체가 있답니다.

+더하기+

보호 무역

보호 무역이란 각 나라의 산업을 보호하기 위해 국제 무역에 정부가 개입하는 무역 제도입니다. 재화, 용역 등 교역되는 상품에 대해 관세, 특별 소비세와 같은 세금을 부과하여 수입품의 가격을 올리거나, 수입량을 제한하는 수입 할당제, 특정 품목의 수입을 제한하는 방법과 같은 비관세 장벽 등이 보호 무역을 위한 정부의 정책이라고 할 수 있습니다.

노블레스 오블리주

부자와 고위층에게 필요한 사회적 책임 의식

노블레스 오블리주는 지배층의 도덕적 의무를 뜻하는 프랑스 격언으로, 정당하게 대접받기 위해서는 명예(노블레스)만큼 의무(오블리주)를 다해야 한다는 것을 의미해요. 요즘에는 사회적으로 높은 지위를 가진 사람들은 그들이 가진 지위만큼 사회에 대한 의무를 다해야 한다는 뜻으로 쓰이고 있어요.

특권에는 반드시 책임이 따르고 고귀한 신분일수록 의무에 충실해야 한다는 노블레스 오블리주는 초기 로마 시대에서 유래되었어요.

초기 로마 시대의 왕과 귀족들은 각자의 지위에 맞게 도덕을 지키고 백성을 위해 힘썼어요. 특히 사회 고위층의 봉사와 기부 등의 전통이 엄격하게 지켜졌어요. 이러한 행위는 그들의 의무이자 명예로운 일이었지요. 왕과 귀족은 스스로 나서서 기부를 했고 심지어는 서로 먼저 하려고 나서

기도 했어요.

귀족들에게 가장 명예로운 일 중 하나는 백성들을 위해 전쟁터로 향하는 것이었어요. 그들은 사회적인 지위를 누렸다면 당연히 해야 하는 일이라고 생각했어요. 귀족들이 몸을 사리지 않고 전쟁에 참여하니 로마 건국 이후 500년 동안 귀족 비중이 15분의 1로 급격히 줄어들기까지 했어요. 이러한 노블레스 오블리주에 힘입어 로마는 당시 세계의 강대국이 될 수 있었답니다. 그렇다면 지금의 사회는 어떨까요?

2014년 한 단체의 발표에 따르면 대한민국의 공공기관장 171명 중 기부금을 낸 적이 있는 사람 불과 32%에 불과하며, 3년 동안 300만 원 이상 기부한 사람은 18명뿐이라고 해요. 똑같은 부와 명성을 가지고 있어도 기부나 봉사엔 관심이 없는 사람도 있게 마련이에요.

물론 세상에는 좋은 예도 충분히 있습니다.

"먹고 입을 것이 충분한 나를 위해선 더 이상 돈 쓸 데가 없다."

마이크로소프트의 창업자인 빌 게이츠가 한 말이에요. 세계에서 손꼽히는 부자인 그는 재산의 대부분을 다른 사람의 생명을 살리는 데 쓰고 있어요. 빌게이츠와 그의 부인은 재단을 설립해 세계의 가장 가난한 사람들을 돕는 데 초점을 맞추고 있어요.

유한양행을 설립한 유일한 박사도 노블레스 오블리주의 훌륭한 사례라고 볼 수 있어요. 그는 유언을 통해 전 재산을 사회에 기부했죠. 이렇듯 많은 사람들이 노블레스 오블리주 정신을 가슴에 새기고 있답니다.

우리나라의 노블리스 오블리주 사례

영국의 전통 있는 학교인 이튼 칼리지의 학생들은 제1차 세계 대전 당시 참전하여 많은 학생이 전사하였다고 합니다. 유럽의 지식인들과 귀족들은 사회적 의무의 하나인 병역을 실천하는 것을 당연하게 여겼다고 해요. 현재 영국의 여왕인 엘리자베스 2세 또한 1945년에 조국을 위해 봉사하고 싶다며, 아버지 조지 6세의 허락을 얻어 또래 소녀들이 봉사하고 있는 영국 여자 국방군의 구호품 전달 서비스 부서에서 군 복무를 하기도 했지요. 이것이 발단이 되어서 영국은 징병제를 폐지시켜도, 영국 왕실 및 왕실에 속한 귀족들은 반드시 왕실 내부 규율과 영국 병역법에 따라 장교의 신분으로 군 복무를 하도록 규정했어요. 노블레스 오블리주의 대표적인 예지요.

우리나라의 노블레스 오블리주도 있어요. 조선 정조 당시, 전국적인 흉년으로 굶주림에 허덕이던 제주도 사람들을 위해 전 재산으로 쌀을 사 분배한 거상 김만덕, 군수업으로 번 막대한 재산을 독립운동에 사용한 최재형, 집안의 노비를 해방하고 민족적 자립을 위한 무장 투쟁의 선봉에 서는 동시에 국가의 미래를 위한 교육 사업도 활발히 펼친 김좌진, 백 리 안에 굶는 이가 없게 하라는 신념을 사회복지로 실천하여 민중들의 생존권 투쟁이 치열했던 19세기에도 화를 입지 않은 경주 최부잣집, 만석꾼의 아들로 태어나 전 재산을 문화재 보존에 힘쓴 간송 전형필 등, 노블레스 오블리주를 실천한 역사적 사례가 많습니다.

알면 똑똑해지는 어휘

보이콧

정의를 지키기 위한 약자들의 집단행동

"부당한 것을 거부한다!"

보이콧은 부당한 행위에 대항하기 위해 정치, 경제, 사회, 노동 분야에서 집단적으로 벌이는 거부 운동이에요. 이는 주로 노동 운동이나 국제 관계에서 사용되는 어휘로 우리나라 뉴스에서도 심심치 않게 들을 수 있어요.

보이콧이라는 말은 아일랜드의 지주였던 보이콧과 소작료를 체납한 소작인들 사이에서 생긴 사건에서 생겨났어요.

1880년, 아일랜드 한 귀족의 땅을 관리했던 관리인인 보이콧은 소작료를 내지 못한 소작인들을 땅에서 추방하려고 했어요.

"돈을 못 내면 나가!"

보이콧은 그전부터도 상당히 악덕하기로 소문이 나 있었기 때문에 사람들은 더 이상 참을 수 없었어요.

"이번엔 우리의 힘을 보여 줄 차례다."

땅에서 밀려난 소작인들뿐만 아니라 농민과 상인들까지 보이콧과 거래하지 않겠다고 선언했어요. 이들이 보이콧을 마을의 모든 것에서 배척하자 보이콧은 결국 물러설 수밖에 없었어요. 이 사건 이후 보이콧은 비폭력 위협 행위를 뜻하는 새로운 용어로 쓰이게 되었어요.

보이콧은 일상에서도 많이 쓰이는데 보통은 집단적인 반대 또는 거부의 뜻으로 사용된답니다. 이는 잘못되면 집단 이기주의로 비쳐질 수도 있어요. 그래서 보이콧은 사회적인 가치를 갖는 것이 중요해요. 아동들에게 해가 되는 상품을 판매한 기업을 보이콧한다거나 동물 보호라는 명백한 주장 아래 모피 상품을 보이콧하는 것처럼 말이에요.

보이콧은 사회적 운동의 하나로 많은 사람들의 공감을 이끌어 내는 것이 가장 중요한 요소라고 볼 수 있어요.

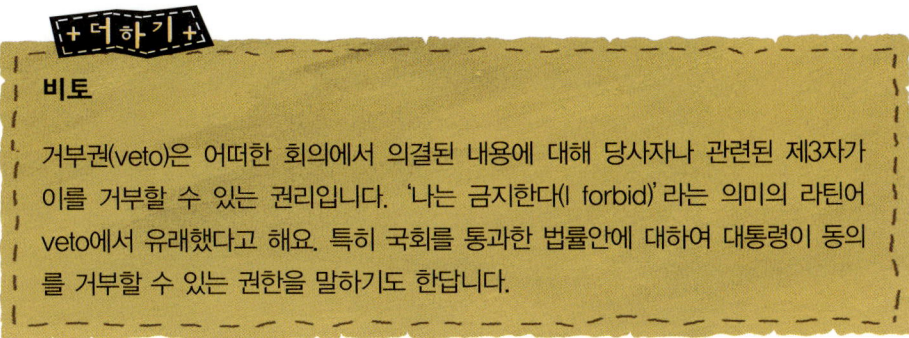

더하기

비토

거부권(veto)은 어떠한 회의에서 의결된 내용에 대해 당사자나 관련된 제3자가 이를 거부할 수 있는 권리입니다. '나는 금지한다(I forbid)'라는 의미의 라틴어 veto에서 유래했다고 해요. 특히 국회를 통과한 법률안에 대하여 대통령이 동의를 거부할 수 있는 권한을 말하기도 한답니다.

CIH 바이러스

온라인 보안의 중요성 알려 준 뼈아픈 교훈

1999년 4월 26일의 일이에요. 국내의 기업과 기관, 개인의 컴퓨터들이 갑자기 마비되어 작동이 안 되는 사건이 발생했어요. 이는 CIH 바이러스 사건으로 사상 최악의 컴퓨터 바이러스 대란 중 하나로 기록되고 있어요.

CIH 바이러스는 평소에는 조용히 잠복해 있다가 4월 26일에만 작동해 하드 디스크의 모든 자료를 못 쓰게 만드는 악성 바이러스예요.

이 악성 바이러스는 1998년 4월 26일 타이완에서 첸잉하오라는 사람이 만들었어요. CIH란 이름이 붙은 것은 이 파일의 원천 프로그램에 CIH V1.2라고 되어 있었기 때문이에요. 사람들은 체르노빌 원자력 발전소 사고가 난 4월 26일에 바이러스가 퍼졌다고 해서 체르노빌 바이러스라고 불렀어요. 이런 이유로 사람들은 CIH 바이러스라는 이름보다 체르노빌 바이러스란 이름으로 기억하게 되었지요.

CIH 바이러스는 사람들이 조금만 더 조심했으면 피할 수 있는 것이었어요. 사전에 바이러스의 피해를 알고 있었고 백신도 개발된 상태였으며 백신 회사에서 경고까지 내린 상태였기 때문이에요.

　사건이 발생하기 일주일 전, 백신 회사에서 언론사에 CIH 바이러스와 관련한 보도 자료를 돌렸어요. 금요일까지는 CIH 바이러스 방지 기능이 들어간 최신 백신으로 업데이트해야 한다는 것이었어요. 하지만 사람들은 이 경고를 가볍게 생각했어요. 아직까지 컴퓨터 바이러스로 인해 피해를 보지 않았기 때문에 경계심이 덜했던 것이었지요.

　결국 사건 당일, 전국의 관공서와 기업의 수만 대의 컴퓨터가 켜지지 않거나 자료가 손상되는 일이 발생했어요.

　CIH 바이러스 사건은 나라에 큰 피해를 남겼지만 국내 기관과 기업에게 보안과 백업의 중요성을 자각하게 만든 일로 기억되고 있답니다.

사이코패스

공동체 위협하는 인격 장애 "예방이 시급해!"

사람의 뇌에는 전두엽이란 부분이 있어요. 전두엽은 기억력, 사고력, 감정 등을 관장해요. 이 전두엽 기능이 15퍼센트밖에 기능을 하지 않는 사람들이 있어요. 이들은 다른 사람의 고통에 무감각하고 양심의 가책을 느끼지 않아요. 사회적이지 못하고 인격적으로 장애를 앓는 사람, 즉 '사이코패스'가 그들이에요.

독일의 정신의학자인 쿠르트 슈나이더가 처음 소개한 개념인 사이코패스는 범행을 통해서만 밖으로 드러나기 때문에 주변 사람들이 알아차리지 못하는 것이 보통이에요. 이들은 폭발적인 성격의 소유자로 평소에는 무기력하다는 특징을 갖고 있어요.

사이코패스는 심리적 고통을 느끼지 못하기 때문에 자신이 저지른 죄의 대가로 받게 될 처벌을 두려워하지 않아요. 그래서 다시 범죄를 저지를 확률이 일반 범죄자들보다 훨씬 높지요. 또 공격적 성향을 억제하는

분비물인 세로토닌이 부족해서 사소한 일에도 강하게 반응하고 부정적으로 느끼는 성향이 있어요.

사이코패스가 꼭 범죄자에게 쓰이는 어휘만은 아니에요. 어쩌면 평범한 삶 속에서 만날 수도 있는 사람의 유형이라는 견해가 있어요.

일부 심리학자들이 영국의 최고 경영자들의 인격적 특성을 분석한 결과 대부분 사이코패스의 특성과 일치했다고 해요. 또한 높은 자리의 임원으로 승진할 대상자들 가운데 3.5퍼센트가 사이코패스로 드러났다는 연구 논문을 발표했어요. 사이코패스는 미안함, 감사함 등을 잘 느끼지 못해 경쟁 사회에서는 오히려 성공할 가능성이 높다는 것이에요. 사이코패스는 자신의 이익을 위해서 타인을 이용하고 비양심적으로 행동해도 상대방에게 전혀 미안해하지 않기 때문에 이를 가리켜 '성공형 사이코패스'라고 부르기도 해요.

사이코패스가 유전인지 아닌지는 확실하지 않아요. 일부 심리학자들은 유전의 영향이 크다고 하지만 성격 자체가 유전되는 것인지, 아니면 공격성이나 충동적 성격 등이 유전되는지에 대해서는 다양한 의견이 나오고 있어요. 분명한 건 부모가 자주 싸우고 아이를 학대하면 아이가 커서 사이코패스가 될 확률이 높다는 것이에요. 그래서 현재까지 나온 가장 효과적인 예방법은 어릴 때 품행 장애*를 보이거나 불우한 가정에서 성장을 한 청소년과 그들의 부모를 상대로 전문적인 교육과 상담을 행하는 것이

*타인의 기본 권리나 나이에 맞는 사회적 규칙에 대해 지속적으로 위반하는 것과 관련된 장애를 말합니다. 사회적으로 용납되지 않는 행동을 지속하는 것을 뜻하기도 합니다. 대표적인 예로 비행, 공격성을 들 수 있습니다.

랍니다.

+더하기+

소시오패스

소시오패스는 반사회성 인격 장애로, 도덕·양심적 판단을 할 수 있으나 그것을 불필요하다고 생각하여 타인을 속이고, 범죄 행위를 하는 데에 스스럼없고 지나친 야망과 우월한 태도로 타인의 감정에 공감하지 못하며 감정 기복이 심한 정신 장애를 말합니다. 소시오패스는 보편적이고 윤리적인 관념에 따라 악행과 선행을 구분할 수 있지만, 후천적 요인으로 인해 공감 능력이나 죄책감이 없고, 자신의 이익과 목적 달성을 위해서라면 남을 전혀 배려하지 않기도 합니다. 소시오패스는 책임을 회피하고 남을 자신의 이익에 맞게 조종하거나, 거짓말을 일삼는 등의 특징이 있지요. 소시오패스는 자신의 실체가 발각되면 동정심을 유발하여 위기를 모면하려고 하며, 사건의 본질을 벗어나 자신만의 안위를 우선으로 두기도 합니다.

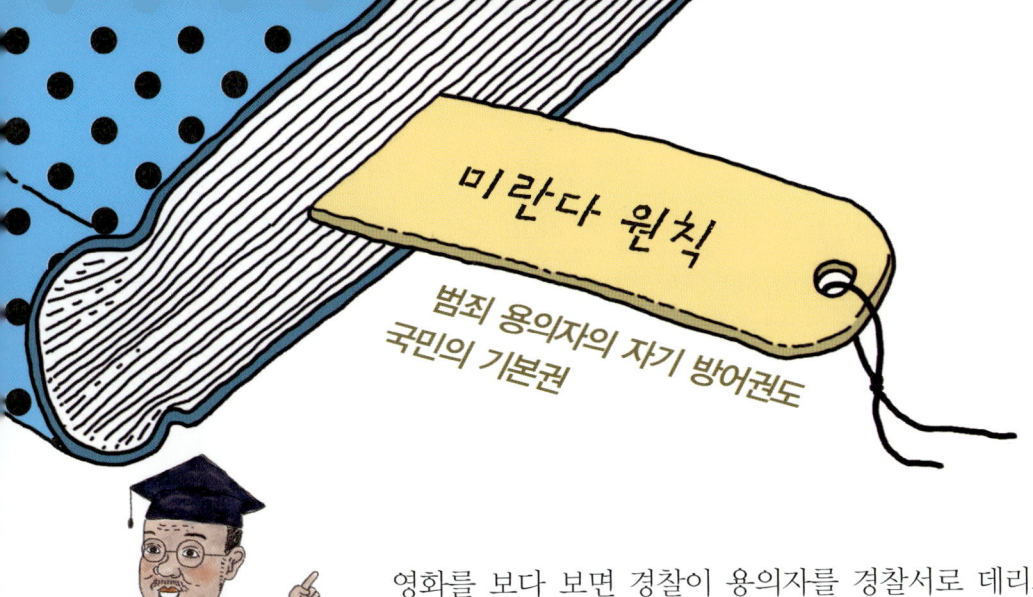

미란다 원칙

범죄 용의자의 자기 방어권도 국민의 기본권

영화를 보다 보면 경찰이 용의자를 경찰서로 데리고 가기 전에 다음과 같은 말을 하는 걸 들을 수 있어요.

"당신은 묵비권을 행사할 권리가 있고, 당신이 하는 말은 당신에게 불리한 증거가 될 수 있으며, 변호사를 선임할 권리를 가진다."

이는 용의자를 경찰서로 데려가는 이유와 변호사에게 도움을 요청할 권리, 그리고 자신에게 불리한 말을 하지 않을 권리를 이야기해 주는 것이에요. 이를 통해 용의자는 신체의 자유와 경찰에게 부당 행위를 당하지 않을 권리 등을 가질 수 있어요. 용의자도 한 나라의 국민으로서 기본권을 보장받는 것이지요. 이를 '미란다 원칙'이라고 불러요. 미란다 원칙은 에르네스토 미란다의 사건에서 비롯되었어요.

1963년 3월, 미국 애리조나에서 에르네스토 미란다는 납치 및 강간 혐의로 체포되었어요. 경찰서로 연행된 미란다는 피해자에게 범인으로 지

목된 후 누구에게도 도움을 받지 못한 상태에서 두 명의 경찰관에게 조사를 받았어요. 미란다는 처음에는 '무죄'라고 주장했어요. 하지만 두 시간이 지난 후 범행을 인정하는 구두 자백과 자백 자술서를 제출했어요. 그런데 재판이 시작되자 미란다의 말이 또다시 바뀌었어요. 자백을 번복하고 자술서에 의의를 제기했지요.

"나는 무죄입니다!"

미란다는 자신이 무죄라고 주장했지만 경찰관들이 자백하라고 협박했기 때문에 억지로 유죄라고 말할 수밖에 없었다고 진술했어요. 하지만 법원은 이를 받아들이지 않고 미란다에게 30년형을 내렸어요. 미란다는 억울하다며 다시 재판을 해 달라고 요청했어요. 하지만 또 한 번 유죄라는 판결을 받았지요. 미란다는 결국 미국에서 가장 상급심인 연방 대법원에 판결을 내려 달라고 요구했어요. 미란다의 요지는 이러했어요.

"미국 수정 헌법 제5조에 따르면 용의자는 불리한 증언을 하지 않아도 될 권리를 갖고 있다. 또한 제6조에 보장된 변호사의 조력을 받을 권리를 침해당했다."

3년 뒤, 미란다는 5대 4의 표결로 결국 무죄를 선고받았어요. 미국의 연방 대법원은 진술 거부권, 변호인 선임권을 고지받지 못한 미란다의 손을 들어준 것이지요. 이 판결은 범죄 피해자의 권리보다 범죄자의 권리를 더 존중하는 것이 아니냐는 비난도 받았지만 이후 경고문을 만들어 피의자를 체포하거나 신문할 땐 읽어 주도록 했어요. 그 이후로 범죄자의 권

리를 '미란다 원칙'이라고 부르게 되었어요.

　한국 헌법과 형사 소송법에서도 '체포 또는 구속의 이유'를 알려 주도록 규정하고 있어요. 미국의 미란다 원칙과 차이는 있으나 근본정신은 같아요. 대법원도 2000년 7월 미란다 원칙을 무시한 체포는 정당한 공무집행이 아니라는 판결을 내렸답니다. 개인의 기본적 인권을 보호한다는 미란다 원칙은 누구에게나 필요한 소중한 권리라고 할 수 있어요.

아이비리그

미국을 대표하는 동부의 여덟 명문 대학들

서울 대학교, 연세 대학교, 고려 대학교. 이른바 SKY라고 불리는 이 세 곳은 우리나라에서 가장 입학하기 어려운 학교이지요. 미국에도 최고의 명문 대학들을 가리키는 말이 있어요. 바로 '아이비리그'랍니다.

아이비(IVY)는 담쟁이넝쿨을 가리키는 영어 단어로 미국의 오래된 대학들에는 담쟁이넝쿨로 덮인 건물이 많다는 것에서 유래했어요. 아이비리그에 속하는 대학은 하버드, 펜실베이니아, 예일, 컬럼비아, 프린스턴, 브라운, 다트머스, 코넬이에요. 미국의 학생들도 한국의 고등학생들과 마찬가지로 아이비리그에 가기 위해 열심히 공부하고 있어요.

아이비리그는 1954년 여덟 개 대학교가 '아이비 그룹 협정'을 맺고 1년에 한 번씩 미식축구 경기를 열기로 하면서 시작되었어요. 이후 점차 스포츠의 영역을 넘어서 조직의 구성체인 '명문' 사립 대학을 가리키는

일반적 호칭으로 자리매김했어요.

하버드 대학교.

아이비리그는 입학하기 매우 까다로워요. 공부만 잘한다고 입학할 수 있는 것이 아니랍니다. 학업이 우수해야 하는 것은 당연하고, 봉사 점수, 사회 참여 점수, 부모의 경제적 능력까지 모두 갖춰져야 입학이 허락돼요.

역사와 전통이 오래된 하버드 대학교와 예일 대학교는 빌 클린턴과 조지 부시와 같은 미국 대통령을 배출한 곳으로도 유명해요. 브라운 대학교는 자유로운 학풍으로 많은 인재들이 입학을 희망한답니다. 그리고 코넬 대학교는 졸업생의 반 이상이 대학원에 진학할 정도로 학구적이라고 해요. 또 프린스턴 대학교는 입학 요강이 가장 까다로운데 노벨상 수상자만 서른 명 이상을 배출했어요.

"세계 최고의 인재가 되고 싶다면 아이비리그로 오라."

미국의 학생들은 오랜 역사와 아름다운 캠퍼스, 사회의 각계각층에서 활약하는 선배를 둔 아이비리그로 가기 위해 고군분투하고 있어요.

무죄 추정의 원칙

한 명의 억울한 누명도 안 된다는 인권 원칙

무죄 추정의 원칙이란 판결이 확정되기 전까지는 기소된 피고인이라도 무죄로 취급받을 권리가 있다는 원칙이에요. 무죄 추정의 원칙이 발효된 것은 불과 몇백 년도 되지 않았어요.

인권이 발달하지 못했던 시대에는 혐의가 있는 것만으로도 범인처럼 다루어졌어요. 단적인 예로 중세의 마녀재판을 들 수 있어요. 당시 기록에 따르면 특별한 증거 없이 심증, 소문, 믿을 수 없는 증언 등으로 재판이 이루어졌으며 재판이 벌어지는 가운데 피고인의 인권은 고려되지 않았어요. 마녀재판이 얼마나 믿을 수 없는 것이었는지는 물 실험을 통해 알 수 있어요.

당시 물은 깨끗한 속성을 지닌 신성한 것이라 여겨졌어요. 그래서 혐의가 있는 용의자를 단단히 묶고 깊은 물속에 빠뜨렸어요. 만약 죄가 없으면 깨끗하고 신성한 물속에 계속 있을 수 있고 마녀가 깃들어 있으면 더

럽기 때문에 물에 떠오른다는 것이었지요. 사물이 물에 뜨는 성질인 부력을 알고 있는 지금은 아주 황당하게 들리는 일이지만, 그 당시에는 물 위로 떠오르면 마녀로 여겨 화형을 당하고 물속으로 가라앉으면 혐의는 벗을 수 있지만 익사할 수밖에 없었어요. 어떻게 되도 죽는 것은 정해져 있는 일이었던 것이지요.

시간이 흐른 후, 프랑스 시민 혁명을 통해 범죄자에게도 인권이 있다고 받아들여졌고 제9조 '누구든지 범죄인으로 선고되기까지는 무죄로 추정한다.'는 무죄 추정의 원칙이 선언되었어요.

무죄 추정의 원칙이 국제 사회에서 확립된 것은 1948년의 일이에요. 유엔은 1948년 12월 10일 세계 인권 선언 제11조를 제정하면서 인권은 최대한 존중되어야 한다고 주장했어요.

우리나라는 헌법 제27조 4항에 형사 피고인은 유죄의 판결이 확정될 때까지는 무죄로 추정된다고 규정하고 있어요. 이는 열 명의 범죄자를 잡지 못하더라도 한 명의 억울한 피해자는 만들지 말아야 한다는 기조에 충실한 원칙이랍니다.

나비 효과

작은 변화 속 잠재력과 '카오스'의 비밀

1961년, 미국의 기상학자 에드워드 로렌츠는 날씨를 관측하고 있었어요. 날씨는 방금 전까지 맑다가 갑자기 먹구름이 껴서 비가 왔어요. 그러다가 또 화창해졌지요. 에드워드 로렌츠는 변화무쌍한 날씨를 보며 이런 생각을 했어요.

'날씨의 예측이 힘든 이유는 혹시 지구 상 어딘가에서 작은 변화가 일어나고 있기 때문이지 않을까?'

그의 생각은 브라질에 있는 나비의 날갯짓이 미국 텍사스에 토네이도를 발생시킬 수도 있다는 이론에까지 미쳤어요. 이것이 바로 나비의 날갯짓처럼 작은 변화가 폭풍우와 같은 커다란 변화를 유발시킬 수 있다는 '나비 효과'랍니다. 실제로 나비 효과가 적용되는 기상 변화의 예가 빈번하게 일어나고 있어요.

미국 국립 과학원의 한 논문에 따르면 중국의 대기 오염이 태평양에서 발생하는 폭풍의 강도를 강하게 만들고, 북미의 기후 패턴을 변화시킬 수

있다고 해요. 최근 아시아, 특히 중국에서 발생하는 대기 오염은 더욱 강한 태풍과 폭우를 만들고, 북극을 향해 움직이는 태평양 중부의 더운 대기 양도 증가시키고 있어요. 이 연구는 아시아의 오염 물질이 전 지구적인 기후 변화에 영향을 미칠 수 있다는 사실을 처음으로 밝힌 것으로, 나비 효과가 과학적으로도 맞는 원리라는 것을 입증해 주고 있어요.

나비 효과는 날씨의 문제를 넘어 사회 현상으로까지 의미가 확장되었어요. 오늘날과 같은 세계화 시대에서 나비 효과는 더욱 강한 힘을 갖는 것이지요. 디지털과 매스컴 혁명으로 정보의 흐름이 매우 빨라지고 같은 정보를 더 넓게 공유할 수 있게 되면서 지구촌 한 구석의 미세한 변화가 순식간에 전 세계적으로 확산되고 있어요. 이로써 나비 효과는 아주 사소한 것일지라도 그것이 후에 큰 사건으로 번질 수 있으며 먼 미래의 일은 예측하기 어렵다는 뜻으로 쓰이고 있어요.

+더하기+

카오스 이론

카오스 이론이란 겉으로 보기에는 불안정하고 불규칙적으로 보이지만 나름대로 질서와 규칙성을 지니고 있는 현상들을 설명하려는 것이에요. 이는 작은 변화가 예측할 수 없는 엄청난 결과를 낳는 것처럼 안정적으로 보이면서도 안정적이지 않고, 안정적이지 않은 것처럼 보이면서도 안정적인 여러 현상을 설명하기 위해 완성됐어요. 나비 효과라는 이론이 나비 효과를 일으켜 카오스 이론까지 만들게 된 것이지요.

다크호스

뜻밖의 감동 선사하는 새로운 강자의 등장

"마지막 투수, 다크호스에서 선발 선수로 자리매김 해."

뉴스나 신문 매체를 통해 심심치 않게 듣는 어휘인 다크호스는 사전 그대로 말하면 검은 말을 뜻하지만 다른 뜻을 갖고 있어요.

다크호스는 경마에서 유래된 어휘예요. 영국의 어느 경마 경기에서 우승 후보인 훌륭한 말을 제치고 전혀 예상하지 못했던 말이 승리를 거두었는데 그 말이 검은색이었다고 해요. 그때부터 예상치 못하게 두각을 드러내는 사람, 일반에게 알려지지 않은 비밀을 이르는 말로 다크호스란 말이 쓰이게 되었어요.

1831년, 디즈레일리가 자신의 소설에서 '경마에서 우승한 알려지지 않은 말'이라는 의미로 다크호스라는 용어를 사용하면서 더욱 유명한 어휘가 되었지요.

다크호스는 다양한 분야에서 쓰이고 있어요. 분명한 건 어디선가 갑자기 떠오르는 샛별을 뜻할 때 쓰인다는 것이에요. 이제껏 모습을 잘 드러내지 않던 정치가가 강력한 명분을 내세워 도전장을 내밀 때, 짧은 기간 안에 중소기업이 고속 성장을 이루었을 때도 다크호스라고 해요.

가장 많이 쓰이는 분야는 단연 스포츠랍니다. 유명한 선수들 틈바구니에 끼어 있던 선수가 어느 날 갑자기 경기에서 존재감을 유감없이 펼치면 그 분야의 선두권에 진입하는 검은 말이 되는 것이지요.

한 번 떠오른 해라고 해서 지지 말라는 법은 없는 법! 다크호스는 영원한 것이 아니에요. 다크호스로 떠오른 선수도 자리매김을 하고 나면 숨어 있던 다른 선수에게 자리를 비켜 줘야 할지도 모르니까요. 그래서 다크호스로 지목받았다고 신나 하기보다는 샛별이 아닌 영원히 빛나는 별이 되도록 노력해야 한답니다.

제로섬

경쟁하면 제로섬, 함께하면 시너지

"남이 불행하면 내가 행복하다."

이는 제로섬 이론을 한 문장으로 풀어쓴 것이에요. 제로섬은 이익이라는 것은 일정해서 어느 한쪽이 이득을 보면 반드시 다른 한쪽이 손해를 보는 것을 말한답니다. 제로섬은 주로 게임이나 경제 구조를 설명할 때 쓰이는 용어예요.

제로섬 이론은 1971년 발간된 《제로섬 사회》라는 책에서 나왔어요. 무역을 통해 이익을 얻는 나라가 있다면 분명히 손해를 보는 나라가 존재한다는 내용이 담겨 있어요. 이 제로섬 이론에 따르면 모든 구성원이 얻게 되는 이익과 손해의 합은 '0'으로, 이익을 얻기 위해서는 서로 견제해야 하며 누가 어떤 선택을 하더라도 결국 합은 '0'으로 결론이 나요.

제로섬 이론은 특히 게임에서 빛을 발해요. 승자가 돈을 따면 패자는 돈을 잃을 수밖에 없기 때문이에요. 자연스럽게 한쪽의 이익과 다른 한쪽

의 손해를 합치면 '0'이 되는 것이지요.

운동 경기에서도 제로섬 이론은 두각을 드러내요. 우리나라와 중국이 축구 경기를 한다고 가정했을 때, 우리나라가 세 골을 넣고 중국이 세 골을 실책하면 '+3 : -3'으로 합은 결국 제로가 되는 것이지요.

이렇게 제로섬 이론 속에서는 손해를 보는 쪽이 있기 때문에 심한 경쟁을 야기하는 경향이 있어요.

현대 사회는 자유 경쟁 사회이지만 이익을 얻기 위해 남이 가진 것을 뺏어야 하는 제로섬 이론을 늘 요구하진 않아요. 사회는 모두가 긍정적으로 발전하는 것을 추구하기 때문이지요. 그래서 생겨난 것이 '시너지 효과'예요.

시너지 효과는 두 사람이 각자 일을 해서 얻는 것보다 함께 일했을 때 얻어지는 것이 더 크다는 뜻으로 '상승효과'라고도 불려요. 나와 상대방의 합이 제로가 아니라 2 혹은 3, 4도 될 수 있다고 보는 것이지요.

나는 나, 타인은 타인이라고 구분 짓는 관계에서는 함께 발전할 수 없어요. 너와 내가 함께해서 더 나은 우리라는 공식을 가진 시너지 효과가 삶에 더욱 긍정적인 효과를 끼치지 않을까요?

윈윈 게임

원 홀드 원(WIN HOLD WIN) 전략이라고도 합니다. 두 지역에서 동시에 전쟁이 발발했을 때, 우선 한 곳에서 승리를 이룬 뒤 나머지 한 곳에는 보다 적은 병력을 파견해 적의 발을 묶어 나중에 물리친다는 미국의 방위 전략을 뜻해요. 1991년 당시 국방 장관이던 체니(Dick Cheney)와 파웰(Colin Powell) 합참 의장이 주도한 군사 보고서에서 처음 제기된 뒤, 1993년부터 공식적으로 채택되어 2001년 초반까지 군사 분쟁에 대응하는 미국의 핵심 전략 역할을 하였습니다. 이 용어는 모두에게 이익이 되도록 하는 방안이라는 뜻에서 광범위하게 사용되고 있습니다.

스티그마 효과

사회의 부정적 시선이 반사회성 키운다

고대 희랍인들은 노예, 범죄자, 배신자 등 신분이 낮거나 나쁜 짓을 한 사람에게 표시를 했어요. 이 낙인은 죽을 때까지 없어지지 않아서 표시가 있는 사람들은 죽을 때까지 무시당하고 모욕을 당했어요. 그러다 보니 낙인이 찍힌 사람들의 행동은 더욱 나빠지고 기이해졌어요.

이렇듯 낙인이 찍힌 사람들의 행태가 점점 나쁘게 변해 가는 현상을 '스티그마 효과' 혹은 '낙인 효과'라고 해요.

현대에 들어서는 범죄자는 물론 알코올 중독자, 정신 이상자 등 몸이 건강하지 않은 사람들뿐만 아니라 인종, 종교로도 스티그마 효과가 번져 나가고 있어요. 사람들은 자신과 조금 다르다는 이유로 그들을 외면하고 배척해 사회에 부정적인 영향을 끼쳐요.

범죄학에서는 제도나 관습, 규범이나 법규 등 사회를 유지하기 위한 기본적인 장치들이 오히려 범죄를 유발한다고 주장해요. 어떤 사람을 타인

의 기준에 미치지 못한다고 부족한 사람이라고 규정해 버리면 그 사람은 정말 범죄자가 된다는 것이에요. 달리 말하면 당사자의 행위가 범죄가 되는 것이 아님에도 불구하고 사회가 그렇게 규정함으로써 범죄를 유발하게 된다는 뜻이지요.

스티그마 효과의 반대말로는 '피그말리온 효과'가 있어요. 그리스 신화에 나오는 피그말리온이라는 조각가의 이름에서 비롯된 피그말리온 효과는 사람들이 기대하거나 예측하는 것이 그대로 실현되는 경우를 말해요. 예를 들면 엄마가 아들의 성적이 오를 거라 믿으며 긍정적인 기대를 갖고 이를 지속적으로 표현하면 아들은 엄마의 기대에 부응하기 위해 노력하여 실제로 성적이 오르게 된다는 것이에요.

사람을 대할 때는 그 사람의 겉만 보지 말고 좋은 면을 보려고 노력해야겠지요? 스티그마 효과가 아닌 피그말리온 효과가 일어나게 말이에요.

더하기

피그말리온 효과

그리스 신화에서 유래한 것으로, 긍정적으로 기대하면 상대방은 기대에 부응하는 행동을 하면서 기대에 충족되는 결과가 나오게 되는 현상을 말합니다. 유래를 살펴보면, 키프로스의 왕 피그말리온은 여성을 혐오했는데, 결혼을 하지 않고 한평생 독신으로 살 것을 결심했다고 해요. 하지만 지나친 외로움과 여성에 대한 그리움 때문에 아무런 결점이 없는 완벽하고 아름다운 여인을 조각하여 함께 지내기로 결심하지요. 그는 조각상에게 옷을 입히고 목걸이를 걸어 주며 어루만지고 보듬으면서 마치 자신의 아내인 것처럼 대하며 온갖 정성을 다하였어요. 어느 날, 대답 없는 조각상에 괴로워하던 피그말리온은 아프로디테 제전에서 신들에게 자신의 조각상과 같은 여인을 아내로 맞이하도록 해 달라고 기원했고, 여신이 피그말리온의 사랑에 감동하여 조각상을 사람으로 환생시켜 주었다고 해요.

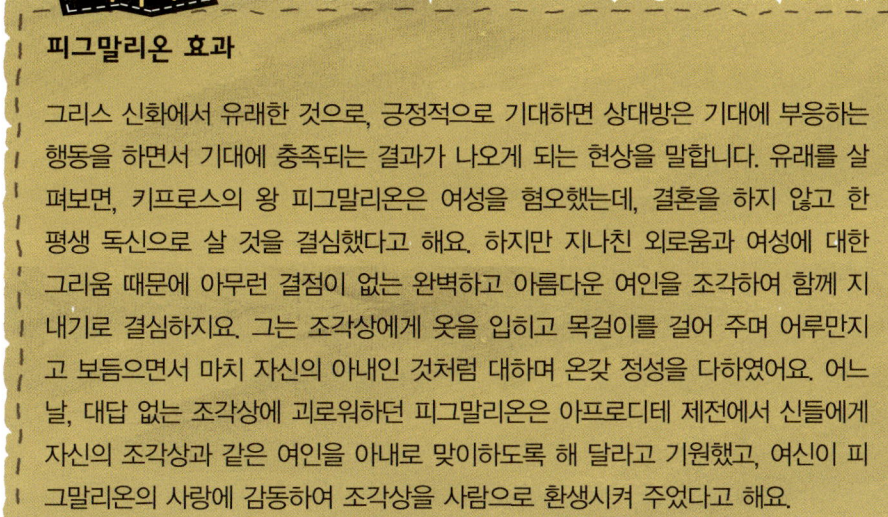

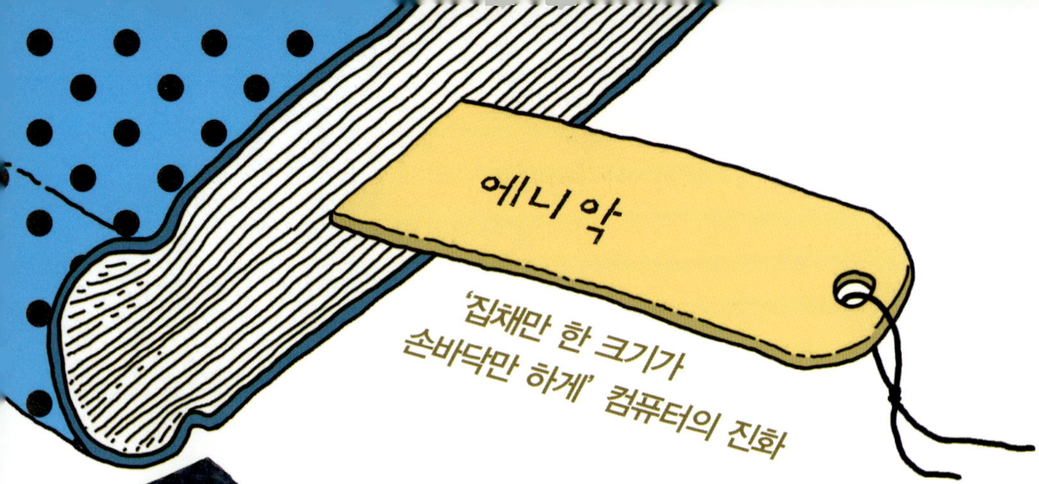

에니악

'집채만 한 크기가 손바닥만 하게' 컴퓨터의 진화

옛날부터 계산은 복잡하고 어려운 일이었어요. 그래서 사람들은 계산을 빠르고 편리하게 하기 위해 다양한 도구를 만들었어요. 그중 최고의 발명품은 바로 컴퓨터였어요. 1946년 미국 펜실베이니아 대학에서 계산기를 연구하던 에거트와 모클리는 자동으로 숫자를 계산하는 컴퓨터를 개발하는 데 성공했어요. 이들은 컴퓨터에 '에니악'이란 이름을 붙였어요.

처음 에니악은 전쟁을 위해 연구된 것이었어요. 대포를 쏠 때 포탄이 떨어질 자리를 미리 계산하는 일이 무척 어려웠기 때문에 학자들은 더 빠르고 정확한 계산기를 만들어야 했지요.

에니악은 당시 길이 25미터, 높이 2.5미터, 폭 1미터였고, 무게는 30톤에 달했어요. 계산 속도는 이전 계산기에 비해 1,000배 이상 빨랐지요.

하지만 에니악에는 문제점이 있었어요. 포탄이 떨어질 자리를 계산하는 것에는 도움이 되었으나 기억 장치와 입력 장치가 없어 다목적으로 사

용할 수 없었어요. 또한 한 가지 계산을 하다가 다른 계산으로 바꾸려면 무척 복잡한 과정을 겪어야 했어요. 무엇보다도 30톤이나 되는 거대한 기계가 쉽게 깨지는 진공관*으로 이루어져 수명이 너무 짧았어요.

2년 뒤, 드디어 미국 벨 전화 연구소에서 진공관을 대신할 획기적인 물건을 만들어 냈어요. 이름하여 '트랜지스터**'라는 것이에요.

트랜지스터는 진공관의 1000분의 1 크기인 데다 무게는 100분의 1로 줄었어요. 전기도 진공관에 비해 10분의 1만 소비했기 때문에 더욱 경제적이었어요. 컴퓨터의 속도 또한 훨씬 빨라졌어요.

이후 진공관을 이용한 1세대 컴퓨터로 시작해 인공 지능을 갖춘 컴퓨터인 5세대에 이르기까지 컴퓨터는 끊임없이 발전해 왔어요.

시작이 없으면 중간도 끝도 없는 법! 에니악의 개발로 지금의 컴퓨터를 만날 수 있다는 것을 잊으면 안 돼요.

*진공 용기 속에 전극을 봉입한 것으로, 전자를 이용하여 정류, 검파, 증폭, 발진 등을 행하게 합니다.

**규소나 게르마늄으로 만들어진 반도체를 세 겹으로 접합하여 만든 전자회로 구성 요소. 전류나 전압 흐름을 조절하여 증폭, 스위치 역할을 합니다.

초기 컴퓨터 애니악의 모습입니다.

머피의 법칙과 샐리의 법칙

불운이 겹치는 날엔 빨리 샐리와 만나자

중요한 시험이나 경기를 앞둔 어느 날, 아침부터 배가 아파요. 화장실에 가려고 하니 오늘은 물이 나오지 않는다네요. 아픈 배를 움켜쥐며 학교에 가려고 버스를 탔는데 오늘따라 길이 막혀요. 결국 어렵사리 학교에 도착하지만 벽에 걸린 시계를 보고 놀라고 말아요. 차고 있던 시계에 약이 떨어져서 시간을 잘못 알아 지각을 하고 만 것이에요.

하는 일마다 꼬이고 안 풀리는 경우를 가리켜 '머피의 법칙'이라고 해요. 마치 하늘도 나를 미워하는 것만 같은 날이지요.

머피의 법칙이란 어휘는 1949년 처음 쓰였어요. 미국에서 공군으로 근무하던 머피 대위에게서 시작되었지요.

머피 대위는 비행기 조종사들을 위한 실험을 설계했어요. 그런데 이 실험의 결과는 참담했어요. 성공률이 0퍼센트로 나왔기 때문이에요. 설계에는 문제가 없다고 믿었던 머피 대위는 여러 가지 요소를 조사했어요.

알고 보니 전기선 하나가 잘못 연결되어 있었어요. 작은 요소가 큰일을 그르쳤던 것이었어요. 이 상황을 통해 머피 대위는 깨달았어요.

"어떤 일을 하기 위해선 여러 가지 방법이 있다. 하지만 한 가지 방법이 일을 망치게 한다면, 누군가 꼭 그 방법을 선택하여 또 일을 망친다."

그 후 머피의 법칙은 자신이 바라는 것은 이루어지지 않고 계속 나쁜 방향으로만 일이 전개될 때 쓰이게 되었어요.

샐리의 법칙은 머피의 법칙의 정반대인 경우에 쓰여요.

중요한 시험이나 경기를 앞둔 어느 날, 아침부터 눈이 일찍 떠져요. 학교로 가는 길은 뻥뻥 뚫리지요. 게다가 시험 범위를 다 공부하지 못했는데 시험 문제는 공부한 부분만 쏙쏙 골라 나와요. 이렇듯 손 까딱만 해도 나에게 좋은 일이 생기는 경우를 '샐리의 법칙'이라고 한답니다.

이 말은 영화 〈해리가 샐리를 만났을 때〉에서 유래했어요. 영화 속에서 샐리에게는 계속 안 좋은 일만 일어나요. 하지만 마지막에는 그녀가 원하는 모든 것이 이루어지지요. 하지만 영화 속 샐리와는 다르게 샐리의 법칙은 우연히 계속 좋은 일만 일어나는 경우로 쓰인답니다.

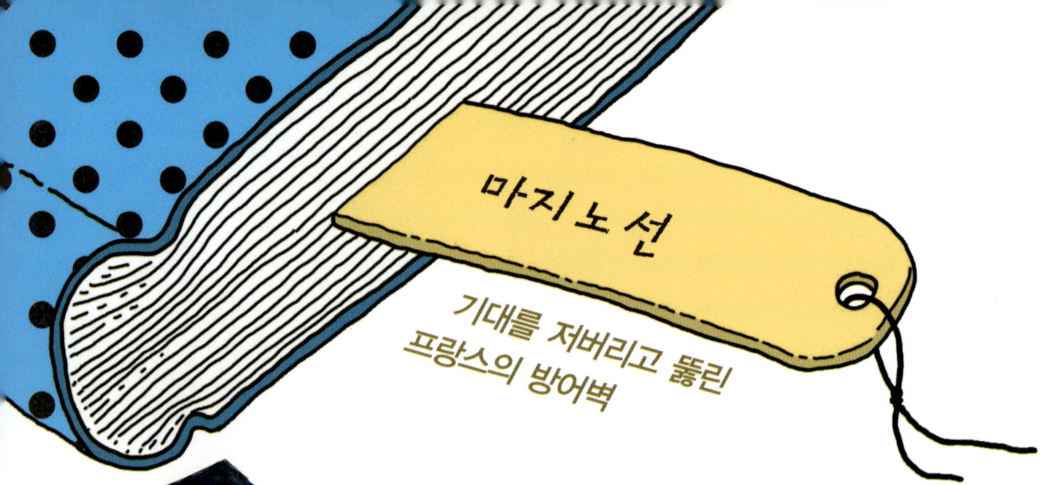

마지노선

기대를 저버리고 뚫린 프랑스의 방어벽

　마지노선은 넘어서는 안 되는 선, 더 이상 물러설 수 없는 선을 뜻으로 최후의 보루가 무너지는 상황에서 사용하는 말이에요. 마지노선은 정확히 말하자면 프랑스 장관 마지노의 '선'이랍니다. 우리가 자주 쓰는 마지노선이란 말은 어떻게 생기게 되었을까요?

　프랑스는 제1차 세계 대전을 치르면서 이러한 생각을 갖게 되었어요.

"방어만이 승리의 비결이다."

　프랑스는 최고의 방어로 독일의 거센 공격을 막아 냈어요. 그러나 아직 전쟁의 불씨가 꺼지지 않았음을 느꼈던 프랑스의 국방 장관 마지노는 국경에 요새를 짓기로 결정했어요.

　650킬로미터에 달하는 요새는 벨기에로 시작해 스위스, 독일과 프랑스의 국경을 이었어요. 이를 짓기 위해서 프랑스는 10년이라는 시간과 엄청

난 투자비를 쏟았지요. 하지만 이미 전쟁을 통해 많은 고통을 겪었던 프랑스는 사람들의 큰 반대 없이 요새를 완성할 수 있었어요.

마지노의 선 '요새'는 미사일의 폭격도 받아 낼 수 있을 만큼 튼튼하게 지어졌어요. 그리고 사이사이에 다양한 무기를 배치하는 것도 잊지 않았지요.

그 후, 제2차 세계 대전이 시작되자 프랑스는 마지노선의 활약을 기대했어요. 하지만 이게 어떻게 된 일일까요? 1940년 5월, 독일의 기습에 마지노선은 금세 함락되고 말았어요. 마지노선은 단단하고 완벽했지만 주변 조건

마지노 요새는 벙커 형태의 건물로 독일과의 국경을 지킬 수 있도록 했어요. 사진은 마지노 요새의 벙커로 들어가는 입구랍니다.

이 완벽하지 못했어요. 독일과의 국경만 지킬 생각을 하고 그 주변은 미처 계산하지 못한 것이었어요. 결국 프랑스는 마지노선이 무너짐과 동시에 제2차 세계 대전을 일으켰던 히틀러의 손에 들어가고 말았어요.

지금 마지노선은 '반드시 지켜야 하는 선'이라는 뜻으로 쓰이고 있지만 유래한 역사에 비춰 보자면 의미가 달라진 어휘이지요.

서머타임제

햇빛 절약으로 에너지 효율 높인다

여름과 다른 계절을 비교해 보았을 때, 여름의 낮이 다른 계절의 낮보다 훨씬 길다는 것을 알 수 있어요. 여름엔 밤이 늦게 찾아오기 때문에 여름철에는 늦은 시간에도 사람들이 산책을 하면서 더위를 식히지요. 그에 비해 겨울에는 밤이 일찍 찾아오고 여름과 같은 시간이라도 훨씬 어두워요.

"여름의 긴 낮을 어떻게 활용할 것인가?"

이런 생각 끝에 나온 제도가 서머타임제예요. 낮 시간이 길어지는 봄부터 시곗바늘을 한 시간 앞당겼다가 낮 시간이 짧아지는 가을에 되돌리는 제도이지요. 이는 해가 떠 있는 시간을 효율적으로 활용하도록 한다고 해서 '일광 절약 시간제'라고 부르기도 해요.

서머타임제는 제1차 세계 대전 당시 독일에서 맨 처음 시작되었어요. 긴 낮 시간을 이용해 적의 폭격에 대비하고 난방에 써야 할 연료를 절약했어요. 이후 유럽 각국에서 이를 따라 하면서 미국 등 세계로 퍼져 나갔

어요. 선진국 모임인 경제 협력 개발 기구(OECD) 30개국 중에서 백야 현상으로 도입이 불필요한 아이슬란드를 제외하고 미국, 캐나다, 브라질, 호주를 포함한 전 세계 86개국에서 실시했고, 이런 시행 국가의 시차는 1시간씩 줄어들게 된다고 해요.

우리나라는 1948년 6월부터 실시되었다가 한국 전쟁 동안 중단되었고, 이후 1955년부터 1960년까지 다시 실시했어요. 그리고 1987년부터 서울올림픽이 있었던 1988년까지 다시 실시되었어요. 황금 시간대를 확보해 미국 방송국들로부터 중계권료를 높게 받으려는 목적이었지만 결국 또 폐지되었어요.

최근에는 이명박 정권 때부터 녹색 성장을 거론하면서 기업 경영인들을 중심으로 서머타임제를 다시 실시하자는 의견이 나왔어요. 해가 지지 않은 저녁에 퇴근하면 국민이 오후 시간을 활용할 수 있다는 점, 전기와 난방 연료 사용을 줄일 수 있다는 점 등을 이유로 들어서 말이지요. 또한 선진국들이 많이 활용하고 있으니 그 흐름을 따라가자는 뜻도 있었어요.

하지만 노동계를 중심으로 한 반대 여론도 만만치 않았어요. 시간 변경이 번거롭고, 대체로 많은 기업이 관료 조직 사회인 우리나라에서는 자유롭게 퇴근할 수 있는 직장인이 많지 않기 때문에 서머타임제의 활용이 오히려 근로 시간 연장을 부를 수 있다는 이유 때문이었어요. 결국 우리나라는 여러 가지 이유로 서머타임제를 실시하지 않고 있어요.

플라세보 효과

나을 수 있다는 믿음이 최고의 약

사람은 작은 칭찬에도 크게 기뻐하고 가벼운 질책에도 쉽게 우울해져요. 사람의 마음이 그만큼 잘 움직인다는 것이지요. 이를 이용해 환자에게 잘 드는 약이라고 설명하며 약을 처방해 효과를 보는 것을 플라세보 효과라고 해요. 위약 효과라고도 하지요. 플라세보 효과를 통해 실제로 병에 쓰이는 약처럼 사람의 심리적 상황도 병을 낫게 하는데 큰 효과가 있다는 것을 알 수 있어요. 이는 19세기 프랑스의 약사인 에밀 쿠에가 발견했어요.

프랑스에서 약국을 운영하던 에밀 쿠에는 문 닫을 시간에 손님을 맞이하게 되었어요. 손님은 의사 처방전을 지참하지 않은 채 약국을 찾아와 당장 약을 달라고 부탁했어요. 처방전 없이는 약을 줄 수 없었던 에밀 쿠에는 한 가지 꾀를 냈어요. 그는 서둘러 약을 만들어 손님에게 내밀었어요.

"우선 이 알약을 드세요. 그럼 좀 나아질 겁니다. 그리고 내일 병원에

가서 치료를 받으시면 됩니다."

손님은 기뻐하며 알약을 꿀꺽 삼켰어요. 에밀 쿠에는 손님의 기분 상태가 나아진 것 같아서 안심했어요. 사실 알약은 진짜가 아니라 사탕으로 만든 가짜였어요.

그리고 며칠이 흘렀어요. 약 대신 사탕을 받아간 손님이 들어와 에밀 쿠에에게 감사의 인사를 전했어요. 사탕으로 만든 가짜 약이 자신의 병을 낫게 만들었다고 믿는 손님을 보며 에밀 쿠에는 깨달았어요.

"환자에게 최대의 조건은 자신이 나을 수 있다는 암시이다. 약물이나 그 외에 다른 것은 암시의 매개물에 지나지 않는다."

에밀 쿠에에서부터 시작된 플라세보 효과는 특히 만성질환이나 심리 상태에 영향받기 쉬운 질환을 앓고 있는 환자에게 잘 적용되었어요.

현재 제약 업체에서는 신약이 개발되었을 때 실제 임상 효과가 있는지 파악하기 위해 반드시 플라세보 검사를 거치도록 하고 있어요. 즉 가짜 약을 투여한 군과 진짜 약을 투여한 군을 비교한 후, 확실한 유효성이 드러나야 제대로 된 약으로 인정받는다는 말이랍니다.

+ 더하기 +

노시보 효과

노시보(Nocebo)는 의학에서 환자에게 실제로는 무해하지만 해롭다는 믿음 때문에 해로운 영향을 끼치는 효과를 말합니다. 노시보 효과(Nocebo effect)는 어떤 것이 해롭다는 암시나 믿음이 약의 효과를 떨어뜨리며 결국 환자에게 부정적인 영향을 끼칠 수 있다는 뜻으로 쓰입니다.

선의의 거짓말

타인 위한 거짓말이라도 반복되면 곤란해

"거짓말은 모두 나쁘다?"

우리는 때때로 거짓말을 해요. 거짓말이 나쁘다는 것을 알면서도 내 이익을 위해 혹은 타인을 위해 거짓말을 하지요. 상대방의 기분을 생각해서 또는 상대방의 체면을 살려 주기 위해서 하는 가벼운 거짓말을 '선의의 거짓말' 혹은 '하얀 거짓말' 이라고 해요. 이러한 선의의 거짓말은 우리의 삶 속에 숨어 있어요.

"우와, 너 다이어트 해? 정말 날씬해졌다."

"그것도 할 줄 알아? 너 정말 대단하다."

풀 죽어 있는 친구의 기를 살려 주기 위해, 더 잘하라고 독려하기 위해 꼭 그렇게 생각하지는 않지만 좋은 마음에서 하얀 거짓말을 하는 것이에요. 남을 위해서 하는 것이기 때문에 많은 사람들이 양심의 가책을 받지 않아요.

선의의 거짓말은 사회에 긍정적인 영향을 끼쳐요. 사람들이 더 행복해지고 마음이 여유로워지지요.

그렇다고 해도 거짓말은 거짓말이에요. 선의의 거짓말에 상대방이 너무 마음을 뺏긴다면 또 다른 부정행위를 가져올 수도 있어요.

미국의 한 의대에서는 선의의 거짓말과 관련된 실험을 했어요. 타인으로부터 선의의 거짓말을 들으면 우리들의 뇌는 그 사람을 더 좋아하도록 감정을 강화시킨다는 결과가 나왔어요. 근거 없이 좋아하게 된 감정은 부정적인 행동을 유발할 가능성이 높아지는데 이는 선의의 거짓말을 더 크게, 자주 할수록 심해진다고 해요.

상대방의 기분을 좋게 하기 위해 선의의 거짓말을 하는 것보다 상대방을 진심으로 배려하는 마음을 가져 보는 게 어떨까요?

기억 상실증

다양한 원인과 증상, 일상생활은 가능

"기억나질 않습니다."

드라마나 영화에서 보면 큰 사고를 맞이한 주인공이 종종 이런 대사를 해요. 그러면 의사는 다음과 같은 진단을 내리지요.

"환자는 기억 상실증입니다."

기억 상실증이란 과거 경험의 일부 또는 전부를 기억하지 못하는 현상을 말해요. 뇌진탕이나 심한 뇌 손상으로 인해 대뇌의 기능이 저하될 때 기억 상실증이 발생하는데, 오래된 과거의 기억을 상실할 수도 있고 최근의 기억을 상실할 수도 있어요. 이는 건망증의 일종이라고도 볼 수 있지요.

기억 상실증이 발생하는 요인은 아주 다양해요. 노화, 질병에 의한 손상, 알코올 등이 그 대표적인 원인이에요. 코르사코프 증후군으로 알려진 알코올성 기억 상실증은 기억을 못 하기도 하고 없던 일이 있던 것처럼

여겨지는 기억 왜곡을 만들기도 해요.

 기억 상실증의 또 다른 예인 유아 기억 상실증은 어렸을 때 몇 년 동안의 일을 기억하지 못하는 것이에요. 이 증상은 종종 아동의 마음이 미성숙하기 때문에 생기는 정상적인 일이라고 여기지만, 어릴 때 생겼던 충격적인 일을 받아들일 수 없는 아동이 자신을 방어하기 위해 생겨난 것이랍니다.

 대다수의 기억 상실증은 기억을 담당하는 곳에 충격을 받은 것이기 때문에 학습한 내용들은 대체로 다 기억해요. 그리고 언어 인식과는 무관하기 때문에 이미 충분히 학습되어 있는 상태라면 기억 상실증 환자들은 언어를 구사할 수 있어요. 글쓰기, 컴퓨터 다루기, 요리 등 일반적인 생활도 가능하지요.

기억 상실증과 치매의 차이점

	기억 상실증	치매
원인	노화, 뇌졸중, 종양, 약물 등	알츠하이머, 혈관성 치매 등
증상	경험 일부, 덜 사소한 일 망각	기억 · 언어 · 시공간 · 행동 장애
일상생활	시간이 지나면 나아지거나 일상생활에 무리가 없음	일상생활이 불가능하고 간호가 필요함
치료 방법	의료 검사를 통한 정확한 진단과 생활 습관 개선, 기억력 훈련 방법 등	약물, 재활, 예방이 최선

스톡홀름 신드롬

인질들이 범인 편이 되는 심리의 비밀

1973년 어느 날, 스웨덴의 수도 스톡홀름에 있는 은행에 강도가 들이닥쳤어요. 강도는 사람들을 인질 삼아 경찰을 협박했어요. 처음에 인질들은 강도에게 두려움을 느끼며 공포에 떨었어요. 하지만 6일 뒤, 인질들은 강도들을 옹호하며 나섰어요. 심지어 사랑에 빠지기도 했어요. 이 사건을 빗대어 아주 극한 상황에서 강자의 논리에 의해 약자가 동화되는 현상을 '스톡홀름 신드롬'이라고 해요.

이러한 현상은 물론 흔한 일은 아니에요. 정신 분석가들의 설명에 따르면, 이 현상에서 가장 중요한 점은 인질이 된 사람은 살고 죽는 것을 비롯해 식사, 배설 등 모든 것을 인질범에게 의지할 수밖에 없다는 것이에요. 즉 갓난아기와도 같은 처지에 놓인다는 것이죠. 처음에는 모멸감을 느꼈던 인질들은 신체적, 정신적 압박과 외부로부터의 고립 등 극단적인 심리 상황 속에서 어느새 자기도 모르게 자기 최면에 빠지는 것이에요.

스톡홀름 증후군은 여러 가지 사례에 대입시킬 수 있어요. 일본의 한 대학 교수인 이와스키 겐지는 '스톡홀름 신드롬'이 가정에서도 일어난다고 주장했어요. 문제가 있는 가정의 아이들은 살아남기 위해 부모를 필사적으로 좋아한다는 것이에요. 이렇게 자라는 아이들은 신경질적이고, 다른 아이들에게 따돌림을 당하기 쉽다는 문제점이 나타났어요. 부모의 눈치를 보느라 생긴 '예민함'이 오히려 그 아이를 공격 대상으로 만들었다는 뜻이에요.

슬프게도 우리 모두가 스톡홀름 증후군에 걸려 있다고 말하는 학자들도 있어요. 자본주의 속에서 돈이라는 강력한 인질범이 사람들을 인질로 잡고 있다는 것이지요. 그리고 결국은 돈이라는 인질에게 동화되어 끌려다닐 수밖에 없다는 게 그들의 주장이에요.

하지만 언제나 희망은 있는 법! 어려운 상황에서도 마음으로는 자유를 누리고 희망을 버리지 않는 사람이 되기로 해요.

휴머노이드

세계가 주목하는 인간형 로봇 기술

인간과 똑같이 생각하고 움직이는 로봇이 있다면 어떨까요?

휴머노이드란 인간의 몸과 형체를 닮은 로봇을 뜻하는 말로, 인간의 행동을 가장 잘 모방할 수 있는 로봇이에요. 이를 인간형 로봇이라는 뜻에서 '안드로이드'라고 부르기도 해요.

두 발로 걷는 최초의 휴머노이드는 1973년 일본에서 만들어졌어요. 와세다 대학교에서 만든 '와봇 1'은 두 발로 걸을 수는 있지만 겨우 몇 걸음 떼는 수준이었어요.

이어 1984년, 와세다 대학교에서 새롭게 만든 '와봇 2'는 '와봇 1'보다 나은 능력을 선보였어요. '와봇 2'는 악보를 읽고 페달을 밟으며 건반을 칠 수 있었어요. 하지만 이 로봇도 제대로 걷지는 못했답니다. 1996년에는 좀 더 자연스럽게 움직이고 인간의 외모와 흡사한 로봇이 만들어졌어요. 일본의 자동차 회사 혼다가 만든 'P-2'였어요.

일본에서 만든 휴머노이드 아시모.

혼다사는 발전된 휴머노이드인 '아시모'를 개발했어요. 아시모는 두 발로 걷고 문을 여닫으며 층계를 오르내릴 수 있었어요. 관절이 좀 더 유연해 춤을 추는 등의 다양한 동작이 가능했어요.

우리나라 한국 과학 기술원에서도 휴머노이드 로봇 '휴보'를 만들었어요. 휴보는 소리를 들을 수 있고 사물이 어디 있는지 인식할 수 있어 장애물을 피해 걸어 다닐 수 있었어요. 또한 다섯 손가락이 각각 독립적으로 움직여 가위바위보를 할 수 있을 정도였답니다. 일본의 아시모보다 전체적인 성능은 뛰어나지 않지만 부드러운 동작과 깔끔해진 외모로 전 세계의 주목을 받았어요.

우리나라에서 만든 휴머노이드 휴보.

그렇다면 인간과 비슷한 능력을 발휘하는 로봇을 과연 만들 수 있을까요?

어떤 과학자들은 컴퓨터의 발달 속도로 미루어 볼 때 30년만 지나면 로봇이 인간의 지능 수준을 갖출 수 있을 것이라고 전망했지만, 한편에서는 최소 300년 후에나 가능한 일이라고 예측하고 있어요.

로봇이 인간과 유사한 기능을 하기 위해서는

사물을 정확히 볼 수 있는 시각 능력과 현재의 상황을 분석하고 판단하는 능력, 인체의 각 부위를 자유자재로 움직이는 능력 등이 모두 갖춰져야 하는데 이는 기술적으로 해결할 점이 많다고 해요. 게다가 IQ와 같은 지능까지 부여해야 하니 휴머노이드가 인간처럼 되는 데에는 많은 시간이 필요하답니다.